한가한 때 헛되이 세월을 보내지 않으면 다음날 바쁠 때 [illegible]

고요한 때에도 쉼이 없다면 [illegible]

남이 안 보는 곳에 [illegible]

여럿이 있는 곳에 [illegible]

한창 때는 다시 오지 않고, 하루가 지나면 그 새벽은 다시 오지 않는다.
때가 되면 마땅히 스스로 공부에 힘써야 하며 세월은 사람을 기다리지 않는다.

도연명

사람으로써 지켜야 할 도리가 있으니 배불리 먹고, 따뜻하게 입고,
편안히 산다고 할지라도, 교육이 없으면 새나 짐승에 가깝다.

맹자

옳은 행동을 하고
남보다 먼저 모범을 보이는 것이 교육이다.
순자

焦虑是头大象, 如何一口一口吃掉它
ISBN: 9787115570758
This is an authorized translation from the SIMPLIFIED CHINESE language edition entitled 《焦虑是头大象，如何一口一口吃掉它》 published by Posts & Telecom Press Co., Ltd., through Beijing United Glory Culture & Media Co., Ltd., arrangement with EntersKorea Co.,Ltd.

코끼리 같은 걱정
한입씩 먹어치우자

# 코끼리 같은 걱정
# 한입씩 먹어치우자

**펴낸날** 2022년 7월 10일 1판 1쇄

**지은이** 장신웨
**옮긴이** 고보혜
**펴낸이** 강유균
**편집위원** 이라야 남은영
**기획·홍보** 김아름 김혜림
**교정·교열** 이교숙 정아영
**경영지원** 이안순
**디자인** 바이텍스트
**마케팅** 신용천

**펴낸곳** 리드리드출판(주)
**출판등록** 1978년 5월 15일(제 13-19호)
**주소** 경기도 고양시 일산서구 고양대로632번길 60, 207호(일산동, 대우이안)
**전화** (02)719-1424
**팩스** (02)719-1404
**이메일** gangibook@naver.com
**홈페이지** www.readlead.kr

ISBN 978-89-7277-363-4 (03320)

* 잘못된 책은 바꾸어 드립니다.
* 책값은 뒤표지에 있습니다.

인생의 단계마다 찾아오는 불안한 마음 분석과 감정 치유법

장신웨 지음 · 고보혜 옮김

# 코끼리 같은 걱정 한입씩 먹어치우자

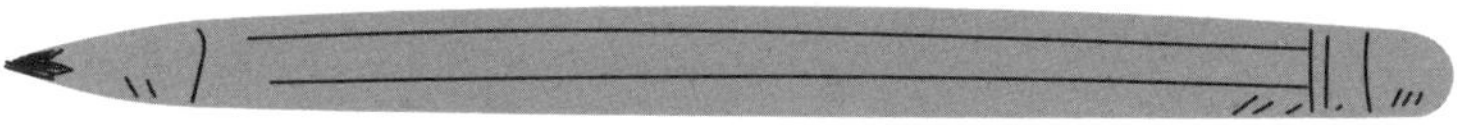

리드리드출판

PROLOGUE

# 당신의 불안을 이해해요

이 시대의 키워드는 무엇일까? 아마도 '불안'이 아닐까 싶다. 사랑, 이별, 진학이나 취업, 성공이나 실패 등 현실에서 맞닥뜨리는 상황들은 모두 불안의 도가니다. 매일 아침 교통체증과 지옥철, 대형 광고와 블랙프라이데이 세일, 각종 학원의 막판 대비 전략 등 인간의 욕망과 의지를 감싼 외투를 살짝 들춰보면 그곳엔 '불안'이 숨어 있다. 이처럼 외부 세계의 자극이 원인이기도 하지만 내재된 세계의 충돌로 인한 불안도 많다. 그러므로 불안을 한 번도 느껴본 적이 없다면 제대로 사는 게 아니다.

불안은 내면의 균형이 깨지면서 나타나는 자연스러운 반응이다. 이를 긍정적으로 보면 적절한 경각심을 갖게 해주고, 내면의 상태를 조절하여 문제를 해결하도록 도와준다. 그러나 불안의 정도가 강하고 장기간 유지되면 사회적 공포, 공황발작, 강박장애, 외상후스트레스성장애PTSD 등 심리 문제로 발전하게 된다.

전 세계의 불안장애 발병률은 5%~25%이다. 중국의 정신장애 발병률은 약 9%이고 그중 불안장애가 5%로 가장 높다. 이는 이미 치료에 돌입해 정신질환 진단 기준을 충족한 사람의 비율이다. 치료받을 수준은 아니지만, 평소 불안감에 시달리는 사람은 이보다 훨씬 많을 것으로 추정된다. 단언컨대 불안감을 전혀 느끼지 않는 사람은 없다.

1940년대 이후 미국의 〈타임〉지에는 여러 차례에 걸쳐 '불안감'을 주제로 한 기사가 연재되었다. 초창기에는 뭉크의 '절규'가 등장하며 불안의 시대가 왔음을 알렸다. 그후 '고도의 불안함High Anxiety'과 '불안의 이해Understanding Anxiety'로 그 주제가 바뀌었다. 그리고 1980년 후반에는 '불안감이 왜 당신에게 좋은가Why anxiety is good for you'로 바뀌었다. 반세기에 걸친 산업 발전과 수반되는 마음의 여정이 '고도의 불안함'에서 '불안의 이해'로, 다시 '불안을 긍정적으로 바라보기'로 흐름이 변화되었음을 보여주고 있다.

## 불안 뛰어넘기

마음 치료를 위해서는 의사와 심리학자의 도움이 필수적이다. 과거의 우리는 정신이나 심리에 그다지 관심이 높지 않았다. 행복에 대한 욕구가 요즘처럼 절박하지 않았기 때문인지 모른다. 단순하게 사회 발전에 맞춰 노동, 신앙, 책임감을 도구로 활용했다. 고난과 힘겹게 싸우느라 불안을 느낄 새도 없었다. 설령 불안에 휩싸인다 해도 더 일에 매진하여 위대한 정신적 자산으로 승화시켰다. 그러나 요즘은 다르다. 물질적 풍요와 안정, 여유, 교육 등 삶의 질은 높아졌지만, 경쟁과 대립, 갈등으로 불안의 요소는 증가하고 있다. 불안을 호소하는 사람이 증가하고 불안에 대처하는 방법을 묻는 사람들이 늘어나고 있다.

나는 사람들이 불안에서 벗어나도록 도울 방법을 찾았다. 심리학과 관련된 일을 전문적으로 하기에 심리학적 방법을 활용했다. 글의 내용을 '정신분석'에 대입해보거나 '꿈'을 기록해보거나 '꿈'에 인지적 이해를 적용해보기도 했다. 그 결과, '글쓰기'는 불안에 대처하는 길이 분명했다. 굽이굽이 기나긴 인생이 준 선물이라는 표현이 더 맞는 것 같다. 이 선물이 '불안'으로 잠 못 이루는 당신을 다독여줄 것이다.

### 불안 풀어내기

요즘은 눈코 뜰 새 없이 바쁜 일로 한 지붕 아래 사는 부부조차 충분한 시간을 함께 보내지 못한다. 글쓰기는 최소한의 비용과 편리한 방식으로 언제 어디서나 자신과 대화할 수 있게 해준다.

쉽게 풀리지 않는 걱정거리, 인간관계, 가족 간 갈등에 직면하면 누구나 정서적 해소가 필요하다. 그러나 마음을 진정시켜줄 만한 대상이 언제나 곁에 있는 것은 아니다. 평가받지 않고 질문받지 않으면서 자신의 감정을 마음대로 표현할 수 있을까? 나는 글쓰기를 통해서 심리적 안정을 얻었다.

현실에서는 말하기가 그리 쉽지 않다. 항상 타인의 시선을 걱정하고 권력 실현의 이해를 따지며 적당한 타이밍을 찾아야 한다. 하고 싶은 말이 있어도 미처 입 밖으로 내지 못하고 참아야 한다. 침묵에 익숙해지면 그 마음은 깊은 바다로 가라앉고 우울감이 밀려온다. 그런 반면 글쓰기는 표현할 권리를 지키고 표현의 자유를 실현시키며 내면의 에너지를 충만하게 한다.

이야기 치료Narrative Therapy와 게슈탈트 치료Gestalt Therapy도 내면의 치유법으로 발달시키는 진술과 인생 이야기의 작용에 주목한다. 마찬가지로 글을 쓰는 것 역시 마음의 짜깁기이다. 스스로 '성장 글쓰기'를 하며 자발적인 지혜로 완성되는 자아 통합의 과정은 놀라울 정도의 회복력을 가진다. 내가 쓴 글은 나만의 자산이다.

글을 쓴다는 것 자체가 내적 성장을 도모하는 일이다. 불안과 막막함, 어둠, 광풍을 뚫고 생명의 깊은 곳에 도달하게 이끈다. 자신과 마주하게 된 소중한 인생을 다시 한번 되돌아보는 계기가 된다. 스스로 발전하는 길을 걷게 되는 것이다.

### 불안과 대화하기

이 책은 불안이나 우울증을 치료하는 전문 서적이 아니다. 그렇다고 명상이나 정신수행과 관련된 신비로운 지침서도 아니다.

불안감을 이해하고 마음에 질문을 던지는 진솔한 대화이며 누구나 할 수 있는 자아 성장을 위한 효율적 방법론이다.

그럼에도 불안과 관련된 몇 가지 주제를 책에 담았다. 불안의 원인과 대처 방법은 심리학적인 관점에서 알기 쉽게 풀어냈다. 평온을 되찾도록 돕는 마중물이 되기를 바라는 마음도 담았다. 각 장 말미에 제시된 글쓰기 안내는 내면의 이야기를 풀어내는 방법이다. 감추고 덮어두었던 말들을 꺼내 쓰면서 진실한 자기 내면을 볼 수 있기를 바란다. 어디든 마음이 움직이는 곳에서 펜을 움직이자. 경험상 글쓰기는 내면의 불안을 이해하는 열쇠이다.

자, 이제 책을 읽으며 자극적인 세상 탓에 둔화된 나의 정서가 회복되는 기쁨을 누려보자. 더불어 평온을 되찾아 불안의 구속에서 해방되기를 소망한다.

장신웨

추천의 글 1

# 불안감을 받아들이고, 저항하지 않기

2020년 1월, 갑작스런 코로나19 전염병 발생으로 '감염된 것은 바이러스뿐만이 아니라 공포다'라는 제목의 글을 썼었다. 경험 많은 의사와 통찰력 있는 정치가 또는 상상력이 풍부한 SF 작가도 이 사태가 이렇게 오래 갈 것이며 인류의 역사마저 바꾸리라고 예상하지 못했다.

처음 도시가 봉쇄되었을 때 14일 정도면 끝나리라 믿었다. 하지만 14개월이 지나도 사태는 나아지기는커녕 더 거세졌다. 봉쇄의 불편을 겪었고 텅 빈 교정에서 2020년 봄 학기를 온라인으로 강의하는 유례없는 경험을 했다. 그 학기에 나는 '재난심리학' 과정을 개설하고 라이브로 진행했다. 지금은 코로나 확진자는 늘고 있지만 백신이라는 최소한의 방어장치가 가동되면서 차츰 안정화되어가고 있다. 하지만 모든 불안이 걷힌 건 아니다.

이러한 공포를 경험하면서 자연이 인류에게 무엇을 말해주려는 것인지 곰곰이 생각하게 되었다. 코로나19로 외식이 줄어들었고 더 나은 위생 습관을 갖게 되었다. 장거리 여행을 자제하면서 개인의 자유를 포기했다. 사회는 느리게 움직였지만 개인과 사회는 더 진지해졌다. 이것이 불안감에 대처하는 지혜가 아닐까? 불안감을 받아들이고 저항하지 않으며, 덧없음을 받아들이고 적극적으로 살아야 한다.

최근 30년 동안 빠른 속도로 발전하면서 세계는 좁아지고 작아졌다. 그런데도 우리는 매일 불안감을 품고 생활하고 일한다. 직장에는 불안과 스트레스가 가득하다. 이로 인해 몸과 마음에 질병이 생기고 있다. 아이들은 어떠한가. 교육 경쟁은 더욱 치열해져 말을 배우기도 전에 조기교육 시장의 고객이 된다. 숙제는 점점 많아지고 학업 스트레스를 풀 길이 없는 청소년은 심각한 정신건강 문제를 떠안고 있다. 과거 어느 시대에도 불안감이 이렇게 뚜렷하게 인식된 적은 없었다. 이러한 불안은 시대병이다.

이 책은 점점 더 불안해지는 세상에 대비하도록 돕는다. 저자 장신웨는 내 심리상담 수업의 제자이다. 그는 총명하고 학업에 적극적이며 삶의 열정이 넘치는 상담사이다. 저자는 이 책에서 마음을 꿰뚫는 글쓰기 연습을 소개하는데, 스스로 불안을 다스리고 치유하는 데 효과적인 방법이라고 생각한다. 또한 현대인이 자신과 현재의 세계를 더 잘 이해할 수 있도록 불안에 대한 원인과 심리학적인 이해를 분석하였다.

우리는 불안을 지혜롭게 이해하고 받아들여 함께 공존하는 법을 배워야 한다. 이 책에 제시된 글쓰기 방법으로 이성, 평화, 자존감, 자신감을 형성하고 우호적이고 긍정적인 삶의 태도로 발전하길 희망한다. 그리하면 더 나은 삶이 창조된다.

임상심리학 박사, 정신과 의사 쉬카이원徐凱文

추천의 글 2

# 불안감과 친구 되기

2021년 6월 8일 15시 57분. 내가 이 시간을 정확하게 기록한 것은 마음이 몹시 어수선하고 괴로웠기 때문이다. 잘 풀리지 않는 회사 일과 직원들 문제로 스트레스가 최고조였다. 그때 이 책을 통해 곤경에서 벗어났다. 내 고민에 대한 답과 길을 찾았다.

책의 프롤로그 '당신의 불안함을 이해해요'를 보자 가슴이 뭉클해졌다. 이 시각에도 크고 작은 수많은 일로 애태우며 전전긍긍하는 내 모습이 보였기 때문이다. 저자의 생각에 공감하며 읽어가던 중 '이해'라는 글자를 보았을 때 부드러운 시선이 나를 바라보고 있는 것 같아서 마음이 차분해졌다.

이 책은 많은 현대인이 직면한 불안한 상황을 소개하고 나와

너의 삶 깊숙한 곳을 이야기한다. '이해'가 '사랑'보다 중요할 때가 있다. 불안감을 해결하느라 너무 힘을 써서 몸이 상한다면 행복해지지 못한다. 어떻게 하면 적당히 불안과 공존할 수 있는지, 불안을 행동의 에너지로 전환하고 제어할 수 있는지, 이 책에서 여러분도 그 답을 찾을 수 있을 것이다.

그리고 '이해' 이외에 전문 심리학 개념과 지식으로 소통할 수 있어 더욱 기대가 크다. 감정은 한 사람의 밑바닥 논리이고, 자신의 감정을 통제하지 못한다면 주변 사람에게 크나큰 재앙이 된다. 이런 감정을 다루는 방법을 저자는 진지하게 소개한다. '사랑을 직장에 돌려주라'는 말의 뜻을 이해하며 오랫동안 눈물이 핑 돌았다.

### 글쓰기는 쉽고, 감정은 마음으로 흘러간다

'품위 있는 가난'이나 '트라우마', '원가족' 등 뜨거운 사회적 이슈 이면에는 우리가 알고 있는 도리가 있고 읽어내지 못한 삶의 본질이 있다. 저자는 정답을 알려주는 대신 반추하여 자신을 들여다보게 한다. 그리고 색다른 삶을 써 내려가도록 한다. 인생의 순간을 기록할 기회를 마련해주고 그 일의 값진 의미를 깨닫게 해주는 것이다.

나는 작은 마을에서 태어나 대도시로 와서 전쟁 같은 하루하루를 보내고 있다. 평범한 텔레마케터로 시작해 지금은 상장회사의 임원이 되었고 늘 경쟁에 시달리며 레이서처럼 달린다. 엄마로서 출산의 진통을 겪었고 체중이 폭증해 자존감이 바닥을 치기도 했다. 앞으로도 긴 시간 동안 아이를 키우며 여러 난제를 겪게 될 것이다. 홀로 감내하는 인생에서 자신이 원하는 모습으로 성장하도록 돕는 참된 벗이 필요하다. 바로 이 책이다.

레핀그룹 베이징 대표 주자잉朱佳英

# 차례

## Part 2 인터넷 불안 시대



## Part 3 불안 탐구 생활

Part 4

## 불안 뛰어넘기

## Part 1

# 불안증후군

불안은 스스로 몸집을 불린다.
모두의 마음속에는
코끼리 한 마리가 산다.

# 불안과
# 눈을 맞춰라

"이 도시를 벗어나고 싶다. 오늘만 벌써 11번째 드는 생각이다. 올해 들어서만 7번이나 사표를 쓰고 싶었다. 26번째 회사 문을 닫을까 고민했다. 33번째 이혼을 떠올렸다."

이 광고 문구는 2018년 중국에서 가장 감동적이고 힘이 되는 영상으로 뽑혔다. 도시 생활을 그대로 보여준 광고 속 주인공은 바로 나, 혹은 친구나 이웃으로 짐작된다. 그래서일까. 5분도 되지 않는 이 짧은 영상은 인터넷을 뜨겁게 달구며 수천만 네티즌의 눈물샘을 자극했다.

누구나 한 번쯤 바쁜 일상을 탈출하고 싶어 한다. 지금 있는 위치에서 하루라도 벗어나 자유롭고 싶은 마음이다. 다르게 말하면 새로운 시도나 도약의 기회를 꿈꾼다는 의미이다.

중국의 구인구직사이트 레핀왕의 조사에 따르면, 팬데믹 이전에는 50% 이상이 도시 생활을 원했지만, 팬데믹 이후에는 35%의 직장인이 고향으로 돌아가거나 고향과 가까운 곳으로 직장을 옮기려 했다. 현재 망설이고 있다고 응답한 비율도 28%나 되었다. 지역적 문제가 아니고 심리적 부담과 압박이 원인이다. 다른 대안이 없으니 자기 나름의 해결방안을 찾은 것이다. 그렇다면 다시 생각해보자.

'이곳을 벗어난다고 해서 정말 좋아질까?', '지금 가고 싶어 하는 곳이 내가 진짜 원하던 미래일까?' 마음이 편치 않다면 그 어느 곳이라도 천국이 될 수 없다.

### 알 수 없는 미래에 대한 걱정

우리는 끝없는 걱정의 시대에 살고 있다. 불확실한 미래 문제로 '불안'을 품고 두려움과 초조함에 떤다. 이 불안은 어딜 가나 그림자처럼 따라붙어 끊임없이 괴롭힌다. 아무짝에도 쓸모없는 '걱정'은 밤잠을 못 이루게 만든다.

과학의 발전과 요동치는 환경은 미래학자조차 단언하지 못하는 현실을 펼쳐 보인다. 주식, 부동산, 고용, 팬데믹 등 미래는 예측 불가한 미궁에 빠진 모습이다. 전문가나 정부, 기관이나 기업의 통제력을 잃은 불안이 대중에게 고스란히 전이되고 있다. 그로 인해 우리는 끊임없이 걱정과 불안에 잠식되어버렸다.

첨단과학은 새로운 사물, 새로운 업종, 새로운 생활 방식을 재촉한다. 몇 번의 동작으로 끝나는 주문의 편리함은 사회와 산업의 흐름을 바꾸고 있다. 통신의 발달은 비대면 사회를 이끌며 소통의 기회를 넓혀주었으나 형식적이고 표면적인 관계에 그치도록 만든다. 이처럼 변모를 거듭하는 신선한 자극은 스멀스멀 보이지 않는 검은 기운을 내뿜는다. 하지만 살기 위해 혹은 살아내기 위해 변화되는 세상에 적응하지 않을 수 없다. 잠시만 멈춰도 세상은 적응 불가 지대로 나아가므로 적응의 속도를 계속 높여야 한다.

**모호한 선택의 괴로움**

무한한 정보, 개방적인 여론, 탈脫중심화 언론 시대에서 우리 선택의 폭은 넓어졌다. 다원화된 사회는 우리에게 다양한 삶의 방식을 제시한다. 그 대가로 우리는 결정의 순간마다 분명한 답을 찾아 끊임없이 갈등하고 고민해야 한다. 예측 불가능하고 낯

설고 모호한 자극에 현혹될지 모른다는 불안에 시달리고 정신을 쏙 빼놓는 현란한 마케팅 뒤에서 자신만을 위한 경제적 실리를 계산해야 한다. 과연 잘할 수 있는가? 장담하지만 누구든 자기 선택에 확신을 가질 수 있다면 그 삶은 당당해진다.

### 불안보다 더 무서운 것은 미래에 대한 '끔찍한 상상'

불확실성이 불안을 가져온다. 하지만 불안을 부풀리는 진짜 주범은 미래에 대한 '부정적 예측'이다. 다시 말해 미래에 대한 '끔찍한 상상'이 더 큰 불안을 부르고 두려움은 몸집을 불리는 악순환을 거듭한다. 이로 인해 자신을 둘러싼 모든 것에 초조해지고 허무와 위기의식에 빠진다. 그렇다면 나쁜 상상은 어떻게 생겨나는 것일까?

'호사불출문, 악사행천리好事不出門, 惡事行千里'라는 말이 있다. 좋은 일은 문밖으로 나가지 않고, 나쁜 일은 천 리로 널리 퍼진다는 뜻이다. 사람들이 부정적인 소식에 더 주목하는 이유는 인류가 진화를 거치면서 강력한 위험 감지 능력으로 '적자생존適者生存'을 터득했기 때문이다. '나쁜 소식'은 위험한 냄새를 풍기고 불안을 조성하여 민감하게 반응을 끌어낸다. 자극적인 기사 제목은 이점에 착안하여 붙여진다. 많은 기업은 이러한 심리요인을 이용해

마케팅 전략을 짠다. 근거 없는 루머가 빨리 퍼지는 것 역시 같은 이치이다.

불안은 난감한 문제이다. 불안을 껴안고 있는 사람은 자석처럼 쉴 새 없이 불안한 정보를 끌어당긴다. 그들은 자신의 불안과 초조를 배설하는데도 거침이 없다. 인터넷 댓글이나 약한 상대를 붙잡고 트집을 잡아 쏟아낸다. 불안이 깔린 대화에서 말이 부드럽게 나올 리 없다. 자신의 불안을 전가하는 데 열을 올릴 뿐이다. 이들은 쉽게 장사꾼의 표적이 된다. '반짝 세일'은 '놓치면 어떡하지?'라는 불안을 살살 자극해 구매로 이어지게 만드는 것이다. "출발선에서부터 뒤지지 마세요!"라는 말은 아직 출발하지도 않았는데 졌다는 불안감을 조성한다. 반복적으로 사람의 마음을 자극해 불안을 내면 깊은 곳에 뿌리 깊게 심어놓는다.

부정적인 마음은 편협한 사고를 만든다. 인지, 감정, 인식을 한쪽으로 치우치게 만들어 생각의 범위를 좁히는 것이다. 점점 고집스럽게 행동하고 스스로 제한된 틀에 가둔다. 마치 세일 기회를 놓칠까 봐 판매 정보에 더 관심을 기울이고 물건을 사야만 자신의 이익이 극대화된다고 집착하는 것과 같다. 그래서 세일 제품을 구매하면 승리했다는 기쁨을 얻는다. '빅세일'이 다가오면 지름신이 강림하는 이유이다.

자기 사고의 바탕에 '일시 정지' 버튼을 달자. 일시 정지는 외부에서 자극이 올 때 생각과 행동 사이에 휴지休止 타임을 두어 일정한 공간을 남겨두는 것이다. 평범한 일상으로 돌아가 시장을 거닐며 신선한 채소와 과일을 고르거나, 자연의 소리에 귀를 기울이며 꽃향기를 맡거나, 아름드리나무를 껴안고 고개를 들어 흰 구름을 바라보자. 이게 어려우면 길게 심호흡하며 신체 각 기관을 이완시켜보자. 현재 만끽할 수 있는 세계를 보며 미래에 대한 끔찍한 상상을 털어내야 한다.

그리고 오늘 일을 내일로 미루지 마라. 두려움에 떠밀리는 대표적인 증상이 미루기다. 미루고 미루다 정점에 다다르면 '해야 한다'와 '하고 싶지 않다' 사이에서 충돌한다. 마치 나무와 덩굴처럼 얽히고설키지만 결국 불안감이 승리하므로 어쩔 수 없이 하게 된다. 이런 경험을 할 때마다 자신의 무능력함이나 적응 능력 부족을 깨닫고 우울한 감정이 돋는다. 일을 미루거나 도피하는 연장은 스스로 일시 정지 상태를 강제하는 것이다. 이때의 일시 정지는 부정적 결과를 낳는다.

능동적이며 적극적이고 광적인 분주함에도 일시 정지가 필요하다. 불안감에 이끌려 노력의 의미와 만족감을 상실하기에 바쁘지만 즐겁지 않다. 이는 결국 자기 소진으로 귀결된다. 끔찍한 상상에 쫓기며 질주하다 보면 어느 순간 '일시 정지를 강요당하는' 날이 온다. 치명적인 건강상의 문제일 수도 있고 실패와 좌절이라는 예기치 않은 결과일 수도 있다.

### 나와 일상과의 종이 한 장의 거리

매사추세츠 메디컬 명상 센터와 캘리포니아 건강연구소의 플로렌스 메이어 교수와 밥 스테어 교수가 진행하는 MBSR(마음챙김에 기반을 둔 스트레스 감소) 프로그램 강연을 들은 적이 있다. 명상 강연 둘째 날, 휴대폰을 끄고 이틀 동안 '정좌하고 침묵'하는 훈련을 했다. 강제로 철저히 일시 정지당한 나는 현기증이 나고 온몸에 두드러기가 났다. 한밤중 방에 홀로 앉아 있자니 문득 '나는 왜 이곳에 있는가?'라는 질문이 떠올랐다.

나는 메모지를 찾아 "휴식조차도 이렇게 노력해야 하는구나,"라는 한 줄을 쓰고 다시 깊은 생각에 잠겼다. 그 적막한 밤은 오롯이 나 자신과 함께한 첫날이었다.

그때부터 글쓰기가 내 삶에 들어왔다. 감정의 폭풍이 몰려오거나 물러갈 때 컴퓨터 앞에 앉아 나의 분노와 눈물, 상심과 무기력을 한 자 한 자 써 내려갔다. 평정심을 되찾을 때까지.

이제는 글로 나 자신과 대화하고 진정으로 원하는 바를 묻는 습관이 생겼다. 일상과 종이 한 장의 거리를 유지하며 내가 스스로 누르는 일시 정지 버튼이다. 나는 그 안에서 자유를 느낀다.

그렇게 5년의 세월이 훌쩍 지났다. 누구도 예상치 못한 코로나19가 전 세계를 휩쓸게 된 지금 나는 책을 쓸 만한 충분한 체력과 인내심을 가지게 되었다.

글쓰기는 언제 어디서나 할 수 있다. 늘 가지고 다니는 수첩에 기분 좋은 순간을 메모하거나 스마트폰의 메모 기능을 활용하여 재미있는 아이디어를 기록할 수 있다. 매일 세 줄에서 다섯 줄 정도 적는 것을 과제로 삼을 수도 있다. 이 모든 것이 글쓰기에 해당한다.

**저는 글재주가 없는데요**

글쓰기는 자신과의 대화이다. 맨 처음 쓰는 글의 첫 줄은 자신에게 건네는 인사로 시작하자. 자기 성장을 돕는 글쓰기 연습은 전문적인 창작 활동이 아니므로 행간마다 속마음을 진솔하게 드러내면 된다. 작가이자 유일한 독자인 자신의 감각을 총동원하면 된다. 보고, 듣고, 냄새 맡고, 느낀 바 그대로 적어나가자. 글쓰기를 겁내던 사람도 하루 이틀 쓰다 보면 뜻밖의 자기 재능을 발견하게 된다.

**무엇을 써야 할지 모르겠어요**

'시간이 없는 것'도 '재능이 없는 것'도 문제가 아니다. 무엇을 쓸까 고민된다면 가장 쉬운 '일상'부터 쓰자. 처음부터 어려운 주제나 소재를 고를 필요가 없다. 오히려 글쓰기의 매력을 떨어뜨릴 뿐이다.

## 글쓰기를 함께하는 친구들

### 노트

저마다 적합한 노트가 있다. 세심하고 예민한 사람은 작은 수첩을 가방이나 주머니에 넣고 다니며 한 마디씩 메모하는 것이 좋다. 큰 노트는 크게 일을 벌이는 사람에게 적합하다. 매일 무슨 내용이든 상관없이 한 장씩 쓴다는 수강생도 있다. 속지를 끼울 수 있는 형태의 수첩은 나중에 정리할 수 있어서 업무 도중 짬을 내 글을 쓰는 사람에게 적합하다. 예쁜 포스트잇을 활용하는 것은 명언을 만드는 자신만의 비밀무기가 될 수 있다.

### 휴대폰

현대인이 선호하는 도구는 스마트폰이다. 메모도 할 수 있고 녹음을 텍스트로 전환하는 기능도 있다. 스마트폰이 글쓰기 본연의 매력을 반감시킨다는 사람도 있지만, 기술은 언제나 이중적이다. 글을 쓸 때의 느낌은 그 기술을 사용하는 사람에게 달려 있다.

### 컴퓨터

현대인에게 없어서는 안 될 도구가 컴퓨터다. 컴퓨터의 가장 큰 장점은 사용이 편리하고 저장 공간이 크다는 점이다.

## 안전 행동은
# 피난처가 아니다

인터넷을 검색해보면 무료 강좌가 많다. 각 분야 전문가들이 채널을 개설해 재능을 기부하듯 강의를 올린다. 요리, 악기 레슨, 심리, 문학, 운동 등 콘텐츠도 다양하다. 정기적으로 업로드하며 교육의 질도 높은 편이다. 어디 그뿐인가. 질문 댓글에 답을 해주거나 라이브 방송으로 그때그때 궁금증까지 해소해준다. 기술 발전의 순기능이라 할 수 있다.

그런데 공부하는 콘텐츠는 한두 번 듣고 마는 구독자가 많다고 한다. 작심삼일이라고 했던가. 돈을 안 들이고 배울 기회인데도 언제든 켜면 된다는 생각에 차일피일 미룬다. 유료 강좌도 마찬가지다. 수강 신청만 해놓고 정작 수업을 듣지 못하는 경우도 허다하다. 수강 신청을 하는 순간 이미 공부를 다 한 것 같은 착각에 빠지고 자료를 다운로드한 순간 지식이 모두 자기 것인 양 착각한다. 운동도 마찬가지다. 헬스장에 등록한 날에는 전문가처럼 헬스복을 갖춰 입고 여러 기구를 돌며 자세를 취한다. 각도를 정교하게 따져 최상의 자기 모습을 연출한다. 어플까지 사용해 찍은 사진을 SNS에 올린 뒤 '좋아요'가 늘어날 때마다 만족스러워한다. 어느새 헬스장은 사진 찍기 위해 가는 곳이 되어버린다.

소속감과 존재감을 중요시하는 이들도 있다. 단체나 조직 안에서 성장한다는 느낌을 받으며 열정적으로 활동하고 크고 작은 모임에 적극적으로 동참한다. 하지만 그들의 조직 밖 현실에서는 변화나 발전이 나타나지 않고 심지어 경제 상황이나 가족관계가 더 나빠지기도 한다.

### 더 많은 가능성을 잃게 하는 '안전 행동'

자기 보호는 인간의 본능이다. 어두운 골목에서 안전하지 않다고 느끼면 발걸음을 재촉한다. 빨리 그곳을 벗어나려는 심리 작용이다. 심리학에서는 이러한 행동을 '안전 행동'이라 부른다. 우리는 예측 불가능한 상황이나 생존이 위협받을 때 매우 불안한 상태에 놓인다. 심장박동과 호흡이 빨라지고 위장 과민, 초조함 등 신체 반응이 촉발된다. 이에 대응하고자 다양한 안전 행동을 취하는 것이다.

'노력'도 전형적인 안전 행동이다. 노력의 숨은 그림자에는 따라가지 못할까 봐, 뒤처지고 낙오될까 봐, 해내지 못할 것이라는 현실 문제의 두려움이 들어 있다. 그래서 '발걸음을 재촉하는' 식으로 '노력하는 모양새'를 보여주며 스스로 안심하려 한다.

물론 안전 행동에도 장점이 있다. 초조한 상황을 피해 불안을 빠르게 경감시킬 수 있다. 예를 들어 다른 사람의 정보에 비해 자신의 정보가 부족할 때 불안을 해소하기 위해 관련 강의를 듣거나 자료를 찾는다. 그 순간 불안은 어느 정도 해소된다. 하지만 또 다른 새로운 문제에 봉착한다. '과연 이 수업을 들을 시간이 있는가? 이 수업이 부족한 정보를 완벽하게 보완해주는가?'

수업을 들을 시간이 없다면 당신은 다시 초조해진다. 정보가 충족되지 않으면 잘 알아보지 않고 신청한 자신에게 실망한다. 불안을 해소하고자 한 행동이 더 큰 불안과 좌절을 불러오는 꼴이 되고 만다.

안전 행동은 '도피'보다 유혹적이다. '적극적이고 능동적인' 삶의 의미를 부여하기 때문이다. 하지만 그 효과는 미미하고 일시적이다. 내면의 불안감이 포장될 뿐 본질은 변하지 않는다. 자신이 변화되어야만 개선될 수 있다. 마음을 가라앉히고 내면을 마주하자. "발걸음을 재촉해.", "위험에서 빨리 벗어나야 해."라는 조급함에 미래의 가능성을 잃어버려서는 안 된다.

### 생존 전략의 무력화

안전 행동은 두려움의 회피, 제거, 경감에 유용하게 작용하는 것처럼 보인다. 적절히 활용하면 분명 심리적 완충 효과를 기대할 수도 있다. 하지만 안전 행동이 진실을 덮어버리면 자신이 노력하고 있으며 열정을 불태운다는 허상을 가져와 생존 전략을 무력화시킨다. 원하던 결과로 이어지지 않으면 좌절하며 주저앉는다.

남에게 의지하는 것 역시 안전 행동이다. 물론 타인의 도움과 인정은 분명 살아가는 힘이 된다. 하지만 의지하는 습관으로 이어지면 끊임없는 지지와 인정을 갈구한다. 무엇을 하든지 타인의 의견을 구하고 따른다면 자기계발에 걸림돌이 될 뿐 자기 발전에 전혀 도움이 되지 않는다. 자기 의견이 무엇인지 먼저 확인한 뒤 타인의 견해를 들어야 한다.

융통성이 부족하거나 완벽함, 강박의 생존 전략을 추구하는 것 역시 안전 행동을 과도하게 사용한 결과이다. 업무 효율을 높이기 위해 리스트를 작성할 수 있다. 그런데 시간이 지나면서 모든 일을 일일이 열거하고 분 단위로 해야 할 일을 계획해 자신을 통제한다면 문제가 된다. 뭐든 지나치면 화를 부른다.

남에게 일을 맡기지 못하고 모든 일을 자기가 직접 해야 직성이 풀리는 사람도 있다. 온갖 집안일까지 도맡아 처리하며 자기 방식을 고집한다. 부하 직원에게 일을 맡기지 못하는 상사도 있다. 설령 맡기더라도 믿지 못해 한시도 눈을 떼지 못하고 감시한다. 심지어 자기 일도 아닌데 가로채 직접 하기도 한다. 결과는 어떨까? 관계의 균형을 훼손시켜 갈등을 초래한다.

**회피와 지연**

현실의 외면과 회피는 부작위不作爲로 안전을 보장하는 생존 전략이다. 일하지 않고 계속 학업만 이어가려는 것, 사회생활을 거부하는 '캥거루족'이 대표적이다. 오늘의 일을 내일로 미루는 것도 여기에 해당한다. 내면의 '한다'와 '하지 않는다'가 충돌하지만, 무의식적으로 일을 미루다가 막바지에 도망갈 수 없어 '배수의 진'을 치기도 한다. 결국, 자기 역량에 큰 손실을 초래한다.

**불완전한 몰입**

연애하면서 진심으로 상대에게 집중하지 않는 것, 바쁘다는 핑계로 가사 분담의 책임을 지지 않는 것, 일에 완전히 몰입하지 못하는 것, 회사에 흥미를 느끼지 못해 자신의 능력을 발휘할 만한 직장이 아니라고 단정하는 것, 사소한 일로 번번이 사표를 던지는 것 등 매사에 열정이 부족한 행동도 불완전한 몰입이다. 이런 사람은 현실에 맞설 용기도 없고 자신의 '이상'을 위해 전적으로 뛰어들 용기도 없다.

**충동적인 행동**

충동은 극단적인 행동이다. 불안과 초조함을 인터넷상에 발설하는 것, 어려움이 닥쳤을 때 책임감 없이 일을 내팽개치고 훌쩍 여행을 떠나는 것, 초고속 결혼이나 초고속 이혼 혹은 중대한 결정을 동전 던지기 등으로 결정한다. 충동적으로 자해하거나 타인과 빈번한 마찰, 충돌, 폭력은 모두 무력화된 생존 전략에 해당한다.

칭화대학 긍정심리연구센터의 자오위쿤趙昱鯤 교수는 인터뷰에서 "수많은 노력 뒤에는 불안감이 있다. 노력이 진정한 효과를 얻으려면 자신을 잃지 않았는지, 노력이 자의적인지 타의에 의한 것인지 알아야 한다."라고 말했다.

자의적 태도는 자기 생각으로 진정 원하는 것을 위해 노력하는 것이다. '원하는 것'은 긍정적인 정서에 의한 선택으로 삶을 더욱 충만하고 보람되게 만든다. 이를 스스로 준비하는 사람은 어려움에 직면할 준비가 충분히 되어 있다. 자신을 잃지 않으면서 목표를 향해 나아간다. '제멋대로'나 '기상천외'한 상상을 펼치는 것이 아니라 “내가 원하는 건 이거야.”라고 분명한 자세로 타협과 조화를 이루어 실천한다. 이를 위해 먼저 책임감 있는 결정이 필요하다.

타의적 삶은 외부에 의해 조종당하고 압력과 불안에 휘둘린다. 자기 문제를 다른 이에게 묻고 조언을 구하는 ‘안전 행동’은 언뜻 보면 문제에 잘 대응하는 방법처럼 보인다. 그러나 자기 의견과 견주지 않아 내면의 진심을 외면하게 된다. 자신을 신뢰하지 못하면 완벽하게 해내지 못할 것이라는 불안과 자책에 시달린다. “열심히 안 하면 실패할 거야!”라고 되뇌며 주저한다.

자의적인 노력만이 진짜 성장을 가져온다. 외부 세계의 자극에도 자신을 확신하며 이성적인 빛 안에서 행동할 때 발전이 가능하다. 성장은 불안감에 휘둘리는 것이 아니라 미래를 향한 자주적인 길이다.

### 성장은 자기 감동을 위한 것이 아니다

아인슈타인은 “측정할 수 있다고 반드시 중요한 것은 아니며 중요하다고 반드시 측정할 수 있는 것도 아니다.”라고 했다. 내적 성장은 가시적으로 측정할 수 없다. 성장은 끊임없는 ‘충실함’과 ‘가치’를 느끼고 ‘의미’의 발견해 나가야 찾을 수 있다. 자기 자신에게 좋은 감정을 가질수록 내면은 건강해지고 일상이나 관계에서 선의와 애정을 느낀다. 이러한 내면과 정신의 성장은 측정할 수도 계량할 수도 없다.

물론 어떤 기능을 습득하고 체계적인 지식 체계를 갖추는 일이 성장을 의미할 수 있다. 이는 몸을 단련하는 시간과 강도, 지식이나 기능에 대한 시험으로 측정이 가능하다. 하지만 외적으로 성장했더라도 내적으로 반성, 통합, 승화, 내재화를 거치지 않으면 자신을 변화시킬 수 없다. 외적 성장은 반드시 내면의 힘이 전환되어야 진정한 성장이 이루어진다.

고통스러운 경험이 반드시 성장을 가져온다고 보지 않는다. 고통은 성장의 서곡일 뿐이다. 불안감이 초래한 자기만족은 어렵고 완벽한 과정을 거쳐도 성장으로 이어지지 못한다. 그저 괴로움에 파묻힐 뿐이다. 어떤 환경과 상황이든 자신을 변화시켜 삶에 힘과 신념을 부여할 때 성장이 가능하다.

성장에는 정답이 없다. 한계치도 없고 기준도 없다. 용감하고 진솔하게 자기 내면과 마주할 때 성장으로 이어진다는 진리만 작용한다. 그러므로 내면의 진실한 목소리를 경청해야 한다. 성장의 길을 걷고 있다면 마음은 언제나 풍요롭고 아름다운 소리를 낸다.

"삶은 아름답고 오늘은 정말 행복한 하루였어."

"내가 가진 모든 것이 이미 만족스러워. 내일은 더 많은 기회와 놀라움이 있을 거야."

"모든 일이 점점 더 잘되고 있어. 내 삶이 정말 기대돼."

"모든 도전이 나의 성장을 돕고 있어. 난 점점 강해질 거야."

계속해서 안일하게 '안전 행동'의 범위 안에 머물면 '노력'하는 것처럼 느껴진다. 하지만 냉정하고 객관적으로 자신을 돌아보면 공허함과 결핍의 목소리가 울린다.

"난 부족해. 자격이 없어. 삶의 의미가 없어!"

"내가 이렇게 하지 않는다면 난 도태될 거야. 난 루저야. 실패하고 말 거야!"

"더 많은 것을 갖고 싶어. 나는 왜 없는 거지?"

"무슨 근거로 나한테 이래? 세상은 정말 불공평해!"

"이렇게 해야만 해! 반드시 완성해야 해! 멈출 수 없어!"

이제는 내면의 목소리에 귀 기울이자. 진정으로 자신과 마주할 때만 들을 수 있다.

1980년대 인터넷이 빠른 속도로 발전했다. 경제적으로 스태그플레이션을 겪었고 사회적으로는 현대 페미니즘이 대두되고 포스트모더니즘이 유행했다. 이때 사람들의 지친 영혼은 글쓰기라는 형식을 통해 위로를 얻었으며 구원받았다.

텍사스주립대학 심리학과 제임스 페니베이커James W. Pennebaker 교수는 심리 치유 연구 중 '표현적 글쓰기' 방법을 활용했다. 펜실베이니아 주립대학 행동건강학 조슈아 스미스Joshua Smith 박사는 글쓰기를 정서를 다루고 자가 치유하는 심리 치료 방법으로 발전시켰다. 나탈리 골드버그Natalie Goldberg는 시인이자 화가이며 작가로 글쓰기 코칭을 하고 있다. 1986년 대표작인 《뼛속까지 내려가서 써라Writing Down the Bones》를 출판했으며 '진짜 비밀'이란 글쓰기 수업을 진행했다. 그녀는 글쓰기가 수행修行을 하는 것과 같다며 "글쓰기는 마음속에 자신감을 심어주고 정신을 반짝반짝 빛나게 해준다."라고 했다.

'표현적 글쓰기'와 '프리 라이팅'은 문학작품을 창작하거나 상업적인 글을 쓰는 것이 아니다. 솔직한 내면을 쓰면서 자아 성장과 치유를 완성해가는 것이다. 주된 목적은 스스로 자아를 성장시키는 연습에 초점을 맞추고 있다. 글을 써가면서 자기 탐색과 성장의 길을 열어보자.

2013년 미시간대학 연구원들은 페이스북 사용 시간이 길수록 생활의 만족도가 하락한다고 밝혔다. 이는 기술 발전이 가져온 사회적 교류가 유익한 것만은 아니라는 사실을 증명한다. 소셜미디어의 자기표현은 어디까지나 내면의 요구가 아닌 '외부의 요청'이기 때문이다. SNS에 올라온 자기표현을 깊이 들어가면 '외부의 반응'을 갈구하는 것임을 알 수 있다. 진짜 내면을 추구하는 데 전혀 도움이 되지 않는다는 말이다.

일기 쓰기는 자발적인 내면의 토로 방식이다. 스스로 글을 쓴다는 것은 일기보다 과학적이고 기술적인 '심리학 일기'이므로 몸과 마음의 균형적인 발달을 촉진하는 목표에 따른 방법과 규칙이다.

정신분석학자 프로이트가 제시한 심리 치료 방법 중 '자유연상'이 있다. '환자'가 치료 과정에서 최대한 긴장을 풀고 주제와 관련하여 머릿속에 떠오르는 단어, 장면을 차례로 말하는 대신 진행되는 동안 어떠한 평가나 생각도 하지 않는다. 자유연상의 목적은 '환자'를 억눌린 잠재의식의 감정, 모순 또는 충돌에서 벗어나게 하는 것이다. 더울 때 외투를 벗으면 시원하듯 환자가 이 굴레를 내려놓으면 발전이 가능하다.

**글쓰기를 위한 루틴**

프리 라이팅이 쉽지는 않다. 의식 채널에서 무의식 채널로 넘어가는 과정이기 때문이다. 자신을 0점에 맞추고 몸을 완전히 이완시켜 마음과 연결해야 한다. 글쓰기 전 루틴을 만들면 더 완전한 이완 상태가 될 수 있다. 먼저 눈을 감고 크게 심호흡을 하자. 특정한 위치에 앉아 차분한 음악을 들어도 좋다. 처음 연습할 때는 이 모든 조치가 도움이 된다.

**글쓰기를 위한 시간 정하기**

5분에서 10분 정도가 적당하다. 시간이 너무 짧으면 고요한 내면으로 들어갈 수 없고 시간이 너무 길어져 20분을 초과하면 집중력이 떨어진다. 그러면 다시 글쓰기를 위한 루틴을 반복해야 한다.

**자신을 믿고 멈추지 마라**

계속 써야 한다. 글쓰기 중간에 쓴 글을 읽거나 생각하면 바로 '이성적'인 상태로 돌아오므로 멈추지 말고 계속 써가야 한다. 오타나 문장부호, 문법을 틀릴까 봐 겁내지 말자. 자신이 '미치지도' '망가지지도' 않았음을 믿고 '맙소사! 내가 이렇게 무서운 생각을 하고 있다니' 라고 하더라도 계속 써 내려가야 한다.

**있는 그대로 써 내려가고 생각하지 말 것**

프리 라이팅 기술은 내재된 '무의식'과 연관되어 있다. 써 내려간 글은 수많은 무의식의 '조각'이다. 생각이 논리에 맞는지 염려할 필요도 옳고 그름도 의미 없다. 겹겹의 이성적 '탈'을 벗고 억눌린 내면을 풀어내야 한다. 진심이 무엇이든지 함부로 자신에게 꼬리표를 붙이지 말자. 자신에게 폭력을 행사해서도 안 된다. 자신에 대한 진심과 관대함이 자기애의 시작이다.

처음엔 어려워 펜을 들 수 없을지 모른다. 그렇다면 '지금 눈에 보이는 것'을 써보자. 눈길이 닿는 어느 곳이든지 상관없다. 창문이거나 곰돌이 인형일 수도 있고 커피 자국이 남아 있는 컵일 수도 있다. "지금 나는 내 손 옆에 있는 컵을 보았다. 그것은 입구가 큰 도자기 컵으로…."라고 시작하면 된다. "지금 내 옆에는….", "지금 내가 앉아 있는 곳은….", "지금 내가 생각하는 것은…."

"만약 당신의 마음이 우울하다면, 당신은 과거에 사는 것이다."
"만약 당신의 마음이 불안하다면, 당신은 미래에 사는 것이다."
"만약 당신의 마음이 평온하다면, 당신은 현재를 사는 것이다."

# 나다움에 승부를 걸어라

한동안 직장인 처세에 관한 책이 유행한 적이 있다. 리카이푸의 《최상의 자신을 만들어라做最好的自己》, 《두라라승진기杜拉拉升職記》 등 책을 펼치는 순간 '자신이 되는 것=성공'이라고 알려준다. 사람들은 자신을 알기 위해 타고난 것, 특징, 성격을 분석하고 테스트한다. 심리테스트를 이용하여 자신에게 '나는 이런 사람'이라는 꼬리표를 붙이고 의도적으로 남들과 다름을 추구한다. 돌이켜보면 당시의 젊은이들은 마치 '사춘기 아이' 같았다. 누군가 문제점을 지적하면 "난 나다울 뿐이야!"라고 받아넘겼다. 태만한 자신을 "내가 못 하는 게 아니라 안 하는 거야!"라고 합리화했다. 그로 인해 '나 자신이 되는 것'은 허울 좋은 껍데기가 되었다.

**'나 자신이 되는 것'은 자신을 바라보는 데서 시작한다**

"나는 누구인가?"라는 이 질문은 "나는 누구라고 느끼는가.", "나는 누구라고 생각한다.", "나는 타인과 무엇이 다른가.", "나는 어떻게 성장하는가."라는 네 가지 관점에서 답할 수 있다.

나는 누구라고 느끼는가 = 자기 감각Sense of Self

나는 누구라고 생각한다 = 자아 인식Self-awareness

나는 타인과 무엇이 다른가 = 자아 경계Ego Boundaries

나는 어떻게 성장하는가 = 자아 정체감Self-Identity

안정적인 자기 감각은 감정이나 직감으로 불안감을 이겨낼 면역력을 발휘한다. 이를테면 "나는 무엇을 좋아하는가? 나는 무엇을 싫어하는가? 나는 무엇을 할 때 즐거워하는가? 나는 무엇을 피하고 싶은가? 어떤 색을 좋아하고, 어떤 의상이 잘 어울리는가? 나는 누구와 함께 있는 것을 좋아하는가? 어떤 일을 잘할 수 있는가?" 등이다.

자아 인식은 자신을 판단하고 평가하기에 이성적인 부분이다. 이를테면 "나의 장점과 단점은 무엇인가? 내가 느끼는 흥미와 가치는 어떤가? 관계의 마지노선은 어디까지인가? 나의 스타일은 어떤가? 누군가를 신뢰하는 기준은 무엇인가? 능력을 어떻게 가

늠하는가?" 등이다.

자기 감각과 자아 인식이 어우러져 자아의식을 구성한다. 자아의식은 현실 검증을 거쳐야 하며 외부 세계와의 상호작용으로 편차를 확인해야 한다. 이를테면 "자신의 장점과 단점은 타인이 바라보는 인식과 일치하는가? 자기 능력의 평가가 직장 내 인사 평가 결과와 일치하는가? 자신이 해낼 수 없을 것 같았지만 실제로는 아주 잘해냈던 적이 있는가? 순조롭게 완성할 일인데 진행하는 과정에서 좌절한 적은 없는가?" 등이다.

자기 감각이 응집되고 자아 인식이 뚜렷하면 자아 경계가 형성된다. 이를테면 "어떤 사람에게 접근해야 편안한가? 나의 가치관은 어떤 사람에게 공감하는가?" 등은 감각과 인식의 조합이 자신의 인적 경계를 만든다. 그런데 "초과 근무는 얼마나 감당할 수 있는가? 몸의 무리는 어느 시점에서 오는가? 이성적으로 거부 행위를 인정하고 받아들일 수 있는가?" 등의 감각과 인식은 업무의 경계를 이룬다.

탄력적인 심리적 경계가 자신을 더욱 독립된 상태로 만든다는 사실을 기억하자. 더 넓은 사회 공간에서 자기 역할과 정체성을 확립하면 성장에 도움이 된다. 여기에 더해 발전하는 과정에서 자신의 역할과 정체성을 공고히 다지고 조율하여 개선할 수 있다. 자신과 관계된 여러 방면을 결합하여 조화롭고 독특한 자아를 형성하는 것. 이것이 진정 성숙한 자아 발전이다.

### 파편화된 시대의 자기 파쇄감

자기 주관을 확고히 세우지 않으면 위험에 빠진다. 쉽게 무리를 따르고, 쉽게 무감각해지고, 쉽게 거대한 분노와 불안에 휩싸이며, 쉽게 결정을 내리지 못하면 체내 감각은 희석된다. 독립적인 개체로서의 존재감이 상실되는 것이다. 이런 사람의 내면은 쉽게 외부의 영향을 받는다.

"어떤 정보를 접하면 쉽게 강렬한 감정에 끌리는가?"

"어떤 이슈로 논쟁이 벌어졌을 때 습관적으로 관망하는가?"

"많은 정보와 선택 앞에서 어떻게 해야 할지 모르는가?"

"시간을 들여 정보를 비교했는데도 결정을 내리지 못하는가?"

SNS의 유행은 '파편화'를 의미한다. 의도하지 않아도 개인이나 기업의 공식 계정, 동영상 플랫폼에서 쏟아내는 '짧고' '작고' '파편화된' 정보를 읽고 보게 된다. 조사에 따르면 약 40%의 사람이 제목에 흥미가 있을 때만 계속 읽는다고 한다. 33%의 사람은 관심 있는 면이나 카테고리만 본다. 처음부터 끝까지 읽는 사람은 15%도 되지 않는다.

대량의 조각 난 정보는 빠르게 이목을 끌기 위해 강렬한 감정을 자극한다. 불안, 두려움, 분노처럼 감정이 동요하는 이슈로 자극적인 제목을 뽑아낸다. 이에 부응하듯 사람들은 빠르게 모여 오합지졸이 되었다가 흔적도 없이 썰물처럼 빠져나간다. 실시간 검색순위는 시시각각 새롭게 바뀐다. 그 결과 당신이 아는 정보는 가장 최신이지만 가장 파편화된 정보가 된다.

파편화된 정보를 자주 접하면 감각이 흐트러진다. 모든 감각기관의 자극과 중독이 그러하듯 자극 후에는 상당한 공허함이 밀려온다. 이는 불안과 자기 역량의 결핍으로 이어진다.

1인 미디어가 활성화되면서 누구나 자기 '목소리'를 내고 싶어 한다. 이에 반응하는 대중도 '권위자의 의견'이나 '전문가의 의견'과 더불어 개성이 더해진 개인 채널의 의견과 취향을 선호하는 경향을 보인다. 모범이 되는 기준이나 행동 방침보다 독립적인 사고와 판단력을 중시하는 것이다. 그런데 여기에는 우려가 따른다. 맹목적으로 좇는 주류의 성공, 맹목적인 반대와 맹목적인 숭배, 맹목적인 다름의 추구는 자아인지의 상실을 초래하기 때문이다. 대리만족이나 내적 불안에서 벗어나려는 도구로 활용되는 점은 조심스럽다.

"자신의 삶에 만족하는가?"

"자신의 지식 구조와 기능 수준의 평가는 정확한가?"

"다원화된 가치관의 옳고 그름을 판단하는 기준은 확고한가?"

"치열한 경쟁에서 자신이 옳다고 생각하는 행동 패턴을 고수할 수 있는가?"

'기준'을 상실한 채 외부 세계와 충돌하면 자아인지는 혼란에 빠져 아주 사소한 자극 하나도 엄청난 불안을 느낀다. 타인의 영향력에 흔들리지 않도록 자아를 구축해야 한다.

### 집단 속에서 자신의 경계 지키기

과학기술과 뉴미디어의 영향으로 개인 간 경계가 허물어지고 있다. 빅데이터는 유행 도구가 되었고 개인정보, 외출 경로, 소비 흔적은 공공연하게 수집되고 있다. 실시간 세계 뉴스를 접하며 쇼핑하고 석학의 강의를 들으며 활동 범위를 자기 역량껏 넓힐 수 있지만 그만큼 개인의 정보는 노출되고 누군가에 의해 관리되고 있다.

개인은 독립성이 위협받을 때 소속감을 찾아 안정감을 얻기를 갈망한다. 무리에 들어가 집단에 섞이며 집단적이고 융합된 자기 존재를 갖고 싶어 한다. 이런 '집단적 자아'는 인간의 존재감과 확신을 충족시켜 '허구'의 자기감을 형성한다. 집단에 대한 지나친 의존과 '열정' 뒤에는 커다란 불안감이 숨어 있다. 아이러니하게도 그 어느 때보다 '나 자신이 되기'를 강조하는 시대에 오히려 자신을 잃을 가능성이 매우 커진 것이다.

자아 인식의 혼란은 자아 경계의 형성을 어렵게 한다. 그로 인해 명확한 역할과 정체성까지 흔들린다. 자기 삶을 공허하고 무의미하게 느끼며 "나는 누구인가?", "나는 어디에 있는가?"라는 고민이 끝없이 이어간다. 그러나 결코 답을 찾지 못한다.

인터넷 플랫폼은 자유를 표방한 대가로 '익명'의 리스크를 감당해야 한다. '익명'의 상태는 폭력적인 표현과 선을 넘는 언행을 조장해 자아를 흐트러뜨린다. 제한과 속박에서 벗어나고자 타인을 공격의 대상으로 삼는다. 그 순간 해방감을 느낄지 모르는 이는 필연적으로 '정체성 상실'이라는 부작용을 낳는다.

다양한 분야에서 두각을 나타내 여러 가지 신분을 가지고 활약하는 멀티족이 한때 유행한 적이 있다. 멀티족이 각각의 신분에 필요한 기능을 쌓는 데는 오랜 과정이 필요했을 것이다. 그러나 여러 개의 신분에 필요한 내재적 세계의 자기감, 관련 인지, 외부의 기능면에서 완전히 통합하여 전체를 이루는 것은 결코 쉬운 일이 아니다. 만약 인간의 정신세계가 단절되고 연속되지 않는다면 사람의 몸과 마음은 흐트러지고 되돌아갈 길을 잃게 된다. 다원화가 자아 파편화를 부추기는 역할만 할 뿐이다.

자기감은 'Be Myself'이며, 자아 정체감은 'Make Myself'인 것이다.

### 모래로 탑 쌓기, 자아 응집

자아는 벽돌 한 장 한 장을 쌓아 올리듯 자기 감각과 자기 인식을 한 단계씩 끌어올려야 완성된다. 자아 역량을 발현할 자아는 발달의 기초이자 자아인지의 재료이며 나아가 자아 경계를 지키는 힘이다. 자아 역량이 부족하여 욕망을 통제하지 못하면 불안감에 휩싸이고 경솔한 생각에 빠진다. 그 결과 자아가 견고하게 세워지지 못하고 파편적인 인지로 기울어진 자아가 세워진다. 이러한 상태는 정신세계의 '허영'과 같아서 흩어진 모래 한 줌에 불과하다. 모래로 탑을 쌓을 수 없다.

### 존재감의 응집

타인의 인정이 없더라도 자신이 유일한 존재임을 인식해야 한다. 존재감이 없다면 독립된 감정을 가져 본 적이 없기에 외부 세계의 평가와 피드백을 통해 자신의 존재를 확인하려 한다. 그만큼 독립적인 개체로 완성되기 어렵다.

존재감은 고독함 속에서 완성되는 자아 훈련이다. 가장 좋아하는 일, 가장 끌리고 가장 잘하는 일을 선택해 독립적으로 행함으로써 존재감을 높일 수 있다. 손으로 만드는 것, 창작 작품을 쓰거나 책을 낭독해 인터넷에 올리는 일로도 가능하다. 다만 이런 일들을 행할 때 즐기면서 할 수 있는 일을 택하자. 가시화된 결과로 드러난다면 더 좋다. 예를 들어 천 마리 종이학을 접는 것은 빨리할 수 있다. 종이 한 장에 글씨를 쓰는 것도 금방 완성할 수 있다. 책을 낭독해서 올리는 것도 어렵지 않다. 매번 10분 정도 읽고 녹음파일로 만들면 된다.

고려되어야 할 것은 오랜 시간 지속할 수 있어야 한다는 점이다. 가시화된 결과를 누적할 수 있으면 금상첨화이다. 100일 후 잘 접은 종이학은 큰 병에 가득 찰 것이고, 글씨를 쓴 종이는 한 권의 책이 될 것이다. 두꺼운 책을 다 읽을 수 있을 것이며, 녹음파일은 긴 목록으로 보일 것이다. 완성된 결과는 자존감을 응집해준다.

**통제감 응집**

자아 역량은 자기 통제로 상승하는 경우가 많다. 의식주에서부터 자기 통제를 시도해보자. 밥을 하거나 청소를 하고 옷장을 정리하거나 운전을 배우는 등 일상생활에서의 사소한 일을 선택해 목표를 세우고 매일 개선해 나가는 것이다. 2주 동안 또는 30일 동안 지속한 후에 변화한 결과와 자기 상태를 점검한다. 간단한 일을 책임감 있게 해내면서 자기 통제감이 강해지는 것을 느낄 수 있다.

이때 주의할 점은 자신의 도전이 무모하거나 감당하기 어려우면 스트레스가 된다. 용두사미로 끝나 자신에게 실망한다. 그렇다고 난이도가 너무 낮으면 도전에 성공했다는 쾌감이나 통제력이 강화되었다는 느낌을 받을 수 없다. 난이도는 스스로 이루어 낼 수 있을 정도로 조절해야 한다. 자기 역량 키우기에 집중할 수 있다면 난이도는 낮아도 된다.

**확신감 응집**

확신은 불안을 동반한다. 자신감이 부족하거나 자신의 장점을 모를 때 확신은 무너진다. 맡고 있는 책임이 무겁더라도 자기 확신이 없으면 무력하고 쓸모없고 가치 없는 사람이라고 느낀다. 그러므로 부단히 자아 역량을 넓히고 긍정함으로써 자기 역량을 확인하고 신뢰해야 한다.

목록 작성은 자기 확신을 키우는 간단한 방법이다. 매일 자신이 완성한 일 중 가장 성과가 있는 일 세 가지 이상을 기록하면 된다. 성과 있는 일이 없다면 만족한 작은 일을 적으면 된다. 어짰든 최소 세 가지를 적어야 한다. 그리고 이 목록을 눈에 띄는 곳에 두거나 손이 닿는 곳에 두자. 10일, 30일, 50일, 100일이 되면 중간 결산을 할 수 있다. 성과를 결산해 '난 정말 대단해!'라며 자신에게 상을 주자. 스스로 자신을 인정하는 가운데 자기 확신이 생긴다.

## 스스로 하는 글쓰기 연습_**부지런히 '퇴비' 주기**

한 시나리오 작가가 평소 종이에 닥치는 대로 적어놓은 일상 관찰 기록, 스토리 구상을 모아 베란다에 쌓아 놓았다. 그리고 그 종이들이 천장까지 닿자 시나리오 하나가 탄생했다고 한다. 《뼛속까지 내려가서 써라》의 저자 나탈리 골드버그는 이런 과정을 퇴비에 비유했다. 퇴비는 문자의 축적에 그치는 것이 아니라 자기 감각의 부단한 발화이며 고뇌이다.

스스로 하는 글쓰기도 마찬가지다. 문자의 축적으로 자기 감각을 키워나가야 한다. 원고가 수북이 쌓일 때, 폴더의 소재들이 한 줄로 길게 늘어설 때 성과가 보인다. 이 퇴비의 양분이 자신의 글쓰기에 꽃을 피우고 열매를 맺게 할 것이다. 그러나 퇴비가 발효되는 과정에서는 어려움을 겪기도 한다.

### 마음을 가라앉힐 수 없을 때

글쓰기에 몰입하기란 쉽지 않다. 머릿속이 온통 회사 일과 집안일로 가득 차 있을 때, 산적한 문제로 골치 아플 때는 글이 떠오르지 않는다. 정서적 안정상태로 들어서기 어렵기 때문이다. 따라서 글쓰기 습관을 들이기까지 처음에는 강제로 시간대를 정할 필요가 있다. 회사 근처의 조용한 카페나 집에서 가까운 서점 등, 평소의 일과 일상에서 벗어나 전혀 다른 낯선 장소를 선택해도 된다. 잔잔한 음악도 외부의 간섭을 피하는 방법이 된다. 얼마나 쓸지 무엇을 쓸지에 너무 집착하지 말자. 마음을 안정적인 상태로 조성하는 것이 더 중요하다. 마음을 쉽게 가라앉힐 수 있다면 언제 어디서나 글쓰기를 할 수 있다.

### 쉽게 방해받을 때

글쓰기에 긴 시간이 필요한 건 아니지만 한 단락을 마무리할 때까지는 흐름을 끊지 않고 쓰는 것이 좋다. 그 단락에서 말하고자 하는 바를 모두 풀어내야 한다. 그러므로 글쓰기를 하는 시간에는 일을 멈춰야 하고 누군가 그 시간을 방해하는 것을 막아야 한다.

스스로 통제 가능한 최소한의 시간부터 연습해보자. 어쩌면 방해받지 않는 딱 10분이 필요할 수도 있다. 개인적으로 자신과 무의식의 연결이 긴밀해지는 깊은 밤 고요할 때나 이른 새벽을 권한다.

누구나 '잘' 쓰고 싶어 한다. 하지만 글쓰기 연습에는 '잘 썼다'라는 기준은 없다. 그러므로 머리를 쥐어짜 무엇을 쓸지 계획할 필요가 없다. 일단 펜을 들고 쓰는 것이 가장 중요하다. 갑자기 할 말이 없을까 걱정된다면 쓰고 싶은 화제를 하나하나 열거해볼 수 있다. 가장 잊을 수 없는 일, 가장 좋아하는 색깔, 사무실에서 가장 흥미로운 사람, 가장 좋아하는 장소, 나에게 가장 큰 영향을 미친 사람, 새벽, 나의 외할머니 등 일상의 모든 것이 소재가 된다. 초등학생 작문집을 뒤적거리며 아이디어를 찾을 수도 있다. 이러한 시작도 재미있다.

**쓰기의 변화**

글쓰기를 시작하면 글씨체에도 변화가 생긴다. 어지럽던 글씨가 가지런해지고, 무심하게 흘려 쓴 글씨가 촘촘해지고, 비틀거렸던 글씨가 곧게 되기도 한다. 매일 글쓰기 한 노트를 보면 거칠게 쓴 정도와 획의 경중, 완급에서 자기 마음을 읽을 수 있다. 글씨에 그 순간의 감정이 담기기 때문이다. 그런데 컴퓨터에 글을 쓴다면 이러한 변화는 잘 볼 수 없다. 하지만 앞뒤 문장과 글자 수, 속도의 변화를 발견할 수 있다.

**내용의 변화**

글의 내용에서 자신의 심리를 엿볼 수 있다. 일정 기간 같은 종류의 소재만을 썼다거나 구체적인 화제로 썼다면 시간이 지나면서 다르게 이해하는 부분이 나타난다. 긍정적인 정서가 많은지 부정적인 정서가 많은지도 볼 수 있고 그 정서를 어떻게 처리했는지도 알게 된다.

**내면의 변화**

글쓰기는 내면의 성장을 위한 것이다. 성장이 삶의 변화를 이끌어 더 잘 웃게 되었거나 수면의 질이 좋아졌거나 통증이 감소했거나 더 건강해지고 에너지가 생긴다. 조급증이 사라지고 갈등하는 일이 줄어들어 관계가 조화로워진다. 더 나아가 일에 더 집중하고 생명의 의미에 더 관심을 기울이게 된다.

# 욕망은 다스리고
# 포부는 펼쳐라

1960년대 스탠퍼드대학 심리학과 월터 미셸Walter Mischel 교수는 마시멜로 실험을 진행했다. 아이들 책상 위에 좋아하는 마시멜로를 올려놓았다. 그러고는 아이들에게 지금 당장 먹어도 되지만 선생님이 돌아올 때까지 기다리면 상으로 마시멜로 한 개를 더 주겠다고 했다. 이에 어떤 아이들은 유혹을 이겨내기 위해 손으로 눈을 가리거나 등을 돌려 마시멜로를 보지 않았다. 어떤 아이들은 책상을 발로 차거나 머리를 잡아당기고 심지어 손으로 마시멜로를 때리기도 했다. 실험 결과, 아이들 대부분은 3분을 넘기지 못하고 포기했다. 선생님이 나가자마자 먹은 아이도 있었다. 약 3분의 1의 아이만이 마시멜로를 먹고 싶은 욕구를 통제했다.

이 고전적인 심리학 실험은 인간의 '만족 지연'에 대한 연구이다. 더 가치 있고 장기적인 결과를 위해 눈앞의 이익을 포기하고 기다리는 자기 통제력을 말한다.

### 소비주의의 '마시멜로'

우리 인생의 많은 마시멜로는 욕망의 대상이다. 성공, 돈, 집, 외모, 권력, 경쟁, 명예 등 욕망의 열차를 의식하는 순간 우리는 더욱 초조해진다.

신유교新儒教의 대표 량수밍은 "이 시대의 청년은 자신을 올바르게 두는 경우가 드물다. 똑똑한 사람일수록 쉽게 욕망을 품는다. 현재에 마음을 두어야 하는데 멀리 뛰어다니며 초조해한다."라고 말했다. 그가 말하는 욕망을 포부로 착각하는 사람이 바로 오늘의 우리들이다.

우리는 잘 기다리지 못한다. 그래서인지 그 대가를 치르는 모습이 사회 곳곳에서 보인다. 급성장하는 사회와 경쟁에 치열하게 맞서야 한다는 조급함과 출발선에서 지면 안 된다는 압박에 시달리는 공허함, 다른 사람과 삶을 비교하고 나아지지 않는 현실에서 좌절하고 우울감에 빠진다. 이 모든 것이 스스로 위기를 자초하는 격이다.

중국인의 정신장애 발병률은 1980년대, 1990년대, 그리고 2005년을 비교하면 그 차이가 확연하다. 1980년대와 1990년대는 100명당 한 명꼴로 정신장애를 앓았다. 하지만 2005년 이 수치는 17.5%로 급등했다. 정신분열증은 0.5% 정도로 큰 변화가 없었지만, 의사소통 장애는 1.5%에서 13%로 증가했다. 우울과 불안장애mood Disorder 또한 더욱 심각해지고 있다. 심적 여유를 갖지 못하고 기다리지 못한 대가이다.

삶을 멀리 내다보고 오늘을 살아야 한다. 그래야 욕망을 다스리는 자기 통제력이 실행된다.

## 번아웃을 향한 질주

몇 년 동안 외국에서 공부한 동생이 귀국했다. 친척들은 유능한 남자와 소개팅을 주선해주었다. 동생은 소개팅에 몇 번 응한 뒤 실망감을 감추지 못했다. 남성들은 좋은 직장에다 남부럽지 않은 연봉을 받고 학력이 높았지만 그다지 즐거워 보이지 않았다는 것이다.

"삶에 지쳐 있었고 스스로 행복한 생활을 할 능력이 없어 보였어."라고 말하며 동생은 소개팅을 포기했다. 물론 동생의 관점만 전하는 것이니 오해가 없었으면 한다. 그러나 내 경험에서 보더라도 학력이 높고 성과가 있는 사람들 중에는 EQ가 낮은 사람이 많았다. 학습 과정과 목표에만 집중했기에 감성을 보충하거나 채울 시간을 갖지 못한 건 아닌가 싶다. 목표를 향한 집념이 귀중한 정서와 감정을 갉아먹어버린 것이다.

한 가지 일에 몰두하던 사람이 방전된 것처럼 갑자기 무기력해지는 증상을 '번아웃 증후군'이라 한다. 아직까지 질병으로 분류되진 않지만 경쟁 사회의 현상으로 번지고 있다. 사회의 단면인 것 같지만 남들에게 뒤처지지 않기 위해 아니면 더 나은 삶을 위해 자신을 혹사시킨다. 목표가 높아지고 퇴근 시간은 늦어지고, 업무량이 많아지니 몸과 마음의 문제는 점점 심각해진다. 실시간 스마트 배송 시스템은 배달 기사를 시간의 늪으로 몰아넣는다. 배송 과정에서 마주칠 수 있는 육교, 교통사고, 타이어 펑크, 갑작스러운 빗줄기는 무시한다. 배달 기사가 생명을 위협받는 사건이 인터넷에서 화제다. 배달 기사의 처지에 모두가 흥분을 가라앉히지 못한다. 그들에게서 일과 성공, 학업 등 보이지 않는 미래를 위해 분투하는 자신의 모습을 보기 때문이다.

### 고통은 성장을 위한 소재

심리적 고통을 호소하는 사람의 내면은 충돌과 갈등으로 가득 차 있다. 창작하는 예술가의 내면 역시 충돌과 긴장감으로 가득하다. 같은 충돌과 갈등, 긴장인데 왜 어떤 사람은 우울과 소외를 겪고 어떤 사람은 예술로 승화시킬까?

그 답을 찾아보면 다른 방어기제가 작용하고 있음을 알 수 있다. 먼저 심리 '증상'을 호소하는 사람은 원시적 방어기제를 사용한다. 내면의 어지러운 욕망과 충돌을 단순하고 거칠게 처리한다. 비난이나 저주의 발언, 부정, 책임 전가, 즉흥적 행동으로 사회의 적응력을 잃고 다른 사람에게 피해를 주며 상처를 가한다. 이러한 표출의 근원은 인내력과 통제력 부족에 있다.

반면 예술은 유머, 상징, 승화Sublimation와 같은 고급스러운 방어기제의 결과이다. 가족에게 많은 상처를 받았던 사람이 상처받았던 지난 일을 덤덤하게 이야기한 뒤 남몰래 눈물을 흘리는 것과 같다. 예술가는 내면의 상처나 고통을 캐릭터나 이야기로 전환하여 작품에 쏟아내고 창작 과정에서 통합을 일구어낸다. 진짜 좋은 작품은 내면의 욕망을 응집시킨 후에 이를 승화시키는 것이다.

사람의 인생도 예술과 같다. 고통을 인내하고 이겨내는 일은 '만족을 지연'시키며 자기를 통제하는 과정이다. 불안이 생명의 잠재력을 일깨우며 큰 불안감을 견딜 힘을 준다. 불안의 이면에는 안정과 도약이 있다. 불안을 통제하는 것은 창조와 인간성의 승화를 의미한다. 욕구를 충족하고자 지나치게 목표지향적인 삶을 산다면 결코 이루어낼 수 없는 과업이다.

찰리 채플린의 〈모던 타임즈〉에는 테일러의 스톱워치식 관리와 포드의 컨베이어가 등장한다. 이러한 산업의 혁신은 각 공정에 걸리는 시간을 단축해 효율을 높이는 데 초점이 맞춰져 있다. 포드의 거대한 자동차 왕국은 이를 통해 이룩되었다. 이후 모든 산업이 '효율화'의 길에 들어섰다.

미국의 능률기사 길브레스Gilbreth 부부는 '효율 지상주의'의 추종자였다. 그들은 경건하고 열정적으로 모든 생을 효율화에 바쳤다. 길브레스 부부는 철저하게 출산 계획을 실천해 남녀 각각 6명씩 총 12명의 아이를 출산했다. 가정교육도 능률을 극대화하는 방식으로 진행되었다. 이를 닦았는지 닦지 않았는지를 그래프로 만들었고 엄격한 순서에 따라 집안일을 처리하고 나서야 놀 수 있었다. 아이들의 생활 태도를 기록하는 속기사도 두었다. 찰리 채플린은 코미디 영화 〈취퍼 바이 더 더즌Cheaper by the Dozen〉에서 이러한 양육방식을 풍자했다. 주인공은 출장에서 돌아오면서 아이들이 자신의 품에 안기는 시간까지 스톱워치로 쟀다.

현대사회는 두말할 나위가 없이 효율 지상주의 시대이다. 고도의 지식을 추구하면서 효율을 높이는 '도구'와 '블랙테크'에 미련을 두고 있다. 즐거움을 위해 일분일초도 소홀히 하지 않는다. 효율을 높이면 더 풍부한 인생을 경험하게 해준다는 의미로 받아들인다. 하지만 효율 추구만을 고집하면 삶이 무의미해질 수 있다. 일에 지치고 짓눌릴 때 과연 무엇을 위한 고군분투인지 허무해진다. 채플린의 영화를 떠올려보라. 주인공은 아이들이 자신의 품에 안기는 시간을 잴 때 오래 떨어져 있다가 다시 만난 기쁨을 느끼지 못한다. 다만 시간의 흘러감만 계산할 뿐이다.

우리는 빠르고 정확하고 편리한 과학기술의 혜택을 누리고 있다. 클릭 한 번이면 생활용품, 반찬이 순식간에 집까지 배달된다. 그러면서 신선한 채소를 고르고 손수 음식을 준비하는 소소한 기쁨이 잊힌다. 라면이라도 직접 끓여보았다면 요리가 되어가는 과정에서 기대와 설렘을 잊을 수 없다. 무조건 음식을 직접 조리해야 한다는 구시대적 발언은 아니니 불편하게 들린다면 용서하기 바란다. 다만, 시간에 쫓기어 우리 삶에서 그 기쁨을 완벽하게 몰아내지는 말자는 말이다.

요즘 초등학교 숙제는 사진으로 찍어서 올리면 쉽게 해결이 된다. 하지만 학생들은 단순히 찍는 습관만 들이면 안 된다. 스스로 생각하는 능력을 길러야 한다. '블랙테크'는 우리를 꼬드긴다. "누워만 있어도 살이 빠져요!" 이런 방식이 가능하더라도 본말이

전도되지 않아야 한다. 효율 극대화를 위해 뛰고 날면서도 자기 삶이 점령되지 않도록 소소한 만족과 기쁨을 일깨워야 한다.

### 이치를 깨우치는 유일한 길, 경험

의상 디자이너가 꿈인 아이가 물었다. "엄마, 왜 싫어하는 과목까지 배워야 해요? 시험까지 있고. 내 직업에는 쓸데도 없는데, 왜 해야 하죠?"

질문을 들었을 때는 명확한 답이 바로 생각나지 않았다. 잠시 후 나는 수영을 배울 때의 일이 생각났다. "수영 배웠을 때 기억나지? 처음에는 물에 뜨지도 못했는데 나중에 발차기하며 수영할 수 있게 되었을 때 엄청 좋아했잖아."

아이가 시큰둥하게 대답했다. "처음에는 재미없었어요. 바닥에 엎드려서 팔다리만 휘젓고. 그런데 나중에 알고 보니 그 자세가 중요하더라고요. 마지막 날 선생님이 킥판과 헬퍼를 모두 떼어놓고 물에 들어가라고 했을 때 얼마나 무서웠는지 몰라요. 그런데 결국 두려움을 극복하고 성공했어요."

나는 이때다 싶어 말했다. "맞아! 디자이너가 되는 건 수영을 배우는 것하고는 아무 관계도 없는 것 같았는데, 훌륭한 디자이너가 되기 위해서는 지루함과 두려움도 극복해야 하잖아. 그런데 그건 네가 수영하면서 배운 거랑 마찬가지야. 싫어하는 과목을 만났을 때 마음을 가라앉히고 대처해서 문제를 해결하는 법, 생각하는 법을 배우는 것이지. 나중에 의상 디자이너가 되었을 때 마음을 가라앉히고 곰곰이 생각해서 문제를 해결하는 능력은 여전히 필요하겠다."

우리는 학교에서 수많은 이론과 이치를 배운다. 그러나 인생을 잘살 수 있게 해주는 요인은 결국 '경험'이다. 체험을 통해 능력을 깨닫고 단련하여 획득하게 된다. 스트레스를 어떻게 처리하며 부족한 시간을 어떻게 분배할지 배우고 쌓인 일을 처리하며 책임과 자율을 배운다.

길고 긴 양육의 과정에서 끊임없이 자아의 성장을 돌아본다. 이 모든 과정에는 수확과 발전이 있다. 이를 즐기는 과정은 자연히 좋은 결과를 낳는다. 자신의 꿈을 잊지 않는 한 인생은 헛되지 않다. 한 걸음 한 걸음이 모두 의미 있다.

글쓰기는 부단히 자신을 연마하는 과정이다. 차분하게 글을 쓰며 욕망을 다스리는 수련이 이루어진다. 글쓰기의 목표는 더 나은 자신이 되는 것이다. 그로 인해 더 진실한 생활을 할 수 있고 더 풍부한 인생을 살 수 있다.

### 글쓰기를 행동의 대안으로 생각하지 마라

글쓰기는 내면과 연결해 복잡한 감정과 기억을 통합하게 도와준다. 하지만 복잡하지 않은 현실 상황과 문제는 오히려 역효과를 부른다. 동료와 사소한 마찰이 있었다고 가정해보자. 함께 차 한잔 마시면서 대화하면 끝날 일이다. 그런데 지나치게 글쓰기에 의존해 모든 일을 쓰고 기록하며 되새긴다면 문제를 껴안는 꼴이 되고 만다. 직접 행동해서 상황을 바꿀 수 있다면 그것이 더욱 의미 있다.

### 자기애를 글로 만족시키지 마라

간혹 글쓰기로 나르시시즘에 빠질 때가 있다. 글쓰기 형식에 심취해 일부러 화려한 수식어나 명언 또는 자기 감동적인 구호를 사용하는 경우이다. 현재 쓰고 있는 글이 얼마나 의미가 있는지 다른 사람에게 설명하기 시작했다면 제발 그만두기 바란다. 글쓰기는 가장 소박한 자신을 보여주는 것이다.

### 글쓰기에 지나치게 분출하지 마라

글쓰기로 마음을 정리할 수 있다. 글은 비밀을 털어놓을 가장 안전한 방법이다. 하지만 끝없이 감정을 쏟아내면 기분이 더 나아지지 않는다. 오히려 부정적으로 생각하는 습관을 만들고 무기력하게 만든다. 어떤 부정적인 정서를 반복해서 써야 한다면 그것이 자신에게 어떤 의미가 있는지, 문제를 어떻게 보는지 질문해야 한다. 자아의 성장과 내면을 통합하며 자기감정을 탐색하는 법을 배워야 한다.

### 글쓰기를 유일한 친구로 삼지 마라

글쓰기는 고독한 일이다. 그런데도 글쓰기에 빠져 현실과 멀어지면 마음이 가볍고 즐거워진다. 자신을 가장 잘 이해하며 조건 없이 지지해줄 사람이 자신이라는 것도 알게 된다. 하지만 현실에서는 여전히 친구나 가족, 사회적 관계가 필요하다. 때로 그들이 마음에 들지 않더라도 말이다. 그들에게서 벗어나는 도피처로 글쓰기를 택해서는 안 된다. 정서적으로 문제가 발생했을 때는 전문가의 도움을 찾아야 한다.

### 글쓰기를 지나친 반성문으로 삼지 마라

글쓰기는 스스로 돌아보게 한다. 하지만 지나친 반성은 극단으로 치닫게 할 위험이 있다. 끝없는 탐색의 늪에 빠지거나 자신이 열등하며 부족하다는 착각을 가져온다. 기억하자. 우리는 글쓰기로 철학자가 되려는 것이 아니다.

인생의 목적은 일과 건강과 행복이다. 일에는 즐거움이 있고 건강이 있다.
자기 직분에서 즐거움을 느끼고 보람을 찾는 사람은 틀림없이 성공한다.

헨리 포드

Part 2

# 인터넷 불안 시대

불안은 은밀하게 지배력을 키운다.
코끼리가 생활공간을 다 차지해버렸다.

# 부러움이
# 불안을 부른다

영국의 〈더 선The Sun〉지에 '코로나19는 우리에게 무엇을 가르치는가'라는 제목의 글이 실렸다. 코로나19로 얻은 14가지 '깨달음'에 관한 내용이다. 빌 게이츠가 쓴 글이라고 해서 더욱 화제를 모았다. 하지만 빌 게이츠 재단은 이 서신이 가짜라고 발표했다. 이후 〈더 선〉 홈페이지에서 삭제되었다.

인터넷 시대는 정보 과부하 시대다. 정보는 방대하고 번잡할 뿐만 아니라 진실과 거짓을 분별하기 어렵다. 매일 최신의 정보가 빠르게 올라오는 인터넷에서 실시간 이슈는 순간순간 바뀌고 한번 놓친 정보는 다시 찾아보기 어렵다. 사람들은 정보를 다양하게 접하지만, 지식의 범위는 확장되지 못하고 깊이도 얕다. 이

세계에 어떤 일이 발생했는지 탐구하는 사람은 많지 않으며 정보가 자신을 어떻게 바꾸는지 진지하게 고민하는 사람 역시 흔치 않다.

### 인터넷 검색순위를 믿나요

1인 미디어 시대인 요즘, 정보는 교묘하게 '단장'하고 서로 다른 출처로 이름을 바꿔 대중 앞에 수시로 등장한다. 수많은 정보 앞에서 선택은 점점 어려워지고 있다. 상업적 원동력에 힘입어 과대 포장과 기술혁신으로 둔갑한 정보는 기업 마케팅의 자본 역할을 한다. 대중의 시선을 사로잡으며 현혹해 판단 기준을 흐릿하게 만든다. 물론 잘못된 '판단'의 책임은 전적으로 소비자의 몫이다.

중국 언론 런민왕人民網은 포털 사이트 바이두와 함께 가짜 정보를 정기적으로 색출하고 있다. 얼마 전 101가지 건강 관련 유언비어를 찾아냈다. 이 중에는 일찍이 널리 알려져 모두 진짜로 믿는 '건강 상식'도 포함되어 있었다. 예를 들어 공복에 먹어도 상관없는 음식에 관한 내용이나, 산 알칼리 체질의 잘못된 개념 등이다. 수박의 당도를 높이기 위해 설탕물을 주사한다는 어처구니없는 내용도 있었다. 그러나 수박에 설탕물을 주입할 수 없다. 왜 냐하면 수박 껍질에 주삿바늘 자국이 선명히 남기 때문이다. 염색약으로 바늘 자국을 지우려 했다면 수박이 썩었을 것이고 그런 수박이 팔릴 리 없다. 모기는 입맛에 따라 혈액형을 골라 물지 않는다. 땀이 많이 나고 호흡을 크게 하는 사람을 좋아할 뿐이다. 사골국을 많이 먹는다고 해서 칼슘을 보충해주지는 않는다.

잘못된 정보를 바로잡는 글을 보면 "정말?"이라고 외치게 된다. 그만큼 잘못된 정보에 빠져 살았다는 말이다. 언론을 통해 보도된 과학 지식도 진위를 가리기 어렵다. 그렇다면 우리는 무엇을 믿어야 할까? 며칠이 지나면 새로운 반대 의견이 나올지 모르니 상황은 더욱 모호해진다.

과학의 발전은 지식의 발전을 촉진한다. 우리 일상과 직결되는 의료, 건강, 음식, 통신 분야의 빠른 발전은 편리함을 선물하며 동시에 우리의 '상식'을 끊임없이 뒤집는다. 그러나 대중은 그 '진실'을 판단하기 어렵다. 영양학 박사가 전문 용어로 삼시 세끼 어떤 음식을 섭취해야 하는지 설명한다면 일반인이 그 논리적 허점을 찾아내기는 힘들다. 그가 추천하는 식품만 기억하고자 한다. 우리의 '상식'이 '전문지식' 앞에서 무용지물이 되고 마는 것이다.

정보의 진위를 구분하기가 점점 어려워진다니 이 얼마나 불안한 일인가?

이에 전문가들은 사회적 책임을 느끼고 정확한 정보 전달의 소명을 다해야 한다. 자기 분야의 전문 의견만으로 주장해서는 안 된다. 다른 분야와 교류와 협력이 이루어지지 않는다면 편협한 관점에 불과하다. 이를 위해 반복적인 소통을 거쳐야 한다.

### 알면 알수록 불안해지는 이유

중국의 심리학 플랫폼 이신리壹心理와 중국 언론 런민왕이 공동 진행한 설문 조사는 팬데믹이 대중의 심리 상태에 미치는 영향을 보여준다. 설문지는 총 24개의 질문으로 구성되었는데 자기평가로 진행되었고 점수가 높을수록 심리 상태가 불안정하다는 것을 의미했다. 설문 결과 4년제 대학 이상의 참가자가 보여준 부정적인 심리 상태가 가장 높았다. 이를 해석해보면 지식에 의존할수록 더 정확하게 알고 싶은데 공부하고 분석할수록 무엇을 따라야 할지 몰라 초조하고 전전긍긍하게 된다는 결론에 이른다. 이처럼 지식은 우리의 불안을 완화하지 못한다. 오히려 지식의 추종이 불안을 높이는 것이다.

'감각처리Sensory Processing'는 두뇌가 몸의 감각 메시지를 받아 반응하는 과정이다. 대량의 정보와 지식이 두뇌를 장악하면 몸의 감각이 둔해지고 개체와 환경이 순조롭게 만나지 못한다. '감각

처리 장애'는 요즘 아이들이 많이 보이는 학습 능력 장애다. 지적 능력은 정상이지만 아이의 대뇌와 신체 각 부분의 조화에 문제가 발생하여 주의가 산만하고 손발이 맞지 않으며 통제되지 않는 행동을 한다. 섬세한 동작을 하지 못하고 방향을 잘 구분하지 못하는 등 대뇌와 신체가 서로 조화를 이루지 못해 이상 행동으로 나타난다.

이러한 문제의 원인은 아동의 과도한 보호이다. 아이에게 생각의 여지를 주지 않고 부모가 직접 모든 판단과 결정으로 명령만 내린다. 그로 인해 아이는 자신의 감각을 이용할 줄 모르게 된다. 과도하게 전자제품을 이용하는 것도 문제다. 이는 아이가 자신의 신체와 각 기관을 충분히 사용할 수 없게 만든다. 흙장난이나 모래놀이 같은 옛날 놀이 방식이 감각처리에 주는 의미를 얕보지 마라. 모래를 만지고 장난감을 관찰하고 친구의 이야기를 듣고 애써 친구와 함께 물통을 나르는 과정이 매우 중요한 감각처리 훈련이다. 나무에 오르고 물놀이를 하며 여기저기 뛰어다니면 몸이 환경에 적응하는 능력을 키울 수 있다. 이는 성인도 마찬가지다. 업무 중 잠깐 걷기나 하늘을 바라보는 등 감각적 활동을 수시로 병행해야 한다.

요즘의 우리는 생각이 자신을 잡아먹는 기분이 들 만큼 바쁘게 사고한다. 생각은 굽이치는 강물같이 뇌에 흐른다. 날마다 다사다망하다. 저녁이 돼서야 소파에 몸을 뉘어 보지만 이내 스마트폰을 들고 낮 동안 머릿속에 머물렀던 정보의 관성에 따라 움직인다. 잠들 때조차 미완성의 계획과 목표, 여러 가지 생각과 사고에 집중한다. 목표를 실현하는 그 순간 다음 목표를 정한다. 자신의 생활에 깃들어 있는 빛, 향기, 소리, 맛 등 몸의 감각이 전하는 느낌을 감상할 여유를 갖지 못한다. 감각의 발견이 주는 감흥을 받지 못하는 것은 매우 안타까운 일이다.

## 보이는 것이 다가 아니다

리얼리티 쇼 출연자들이 스튜디오에 모였다. 그때 갑자기 불이 꺼지며 실내가 암흑에 잠겼다. 모두 당황했는데 출연자 A와 B의 반응은 특히 강렬했다. 이 두 사람은 서로 끌어안고 바닥에 쓰러졌다. 곧 불이 켜지자, 출연자 B는 누가 자신의 머리를 때렸다며 가까이 있는 A를 의심했다. 그렇게 해서 그 회차의 프로그램은 '출연자 A가 B를 때렸는가'라는 문제로 전개되었다. 제작진은 현장에 있던 출연자에게 누구를 믿는지 선택하게 한 뒤 그의 편에 서게 하고 팀을 짰다. 방송국에서 제시한 '녹음파일', '사진' 등 모든 단서가 출연자 A를 범인으로 지목했다. 최종 선택을 앞두고 회의가 열렸을 때 A와 그의 팀은 버티지 못했다. 출연자 B의 팀은 승리가 눈앞에 왔음을 알았다. 그때 B가 갑자기 고백했다. 알고 보니 PD와 출연자 B가 짜고 모두를 속인 것이다. A의 진실은 두 사람만의 비밀이었다. 모든 증거는 잘 짜인 각본이었다. 제시된 증거가 모든 사람의 눈과 귀를 가린 것이다.

프로그램은 설정이었지만 우리도 이런 상황을 맞닥뜨리며 산다. 맹목적인 절대 가치는 없다. 시류나 대세에 기울지 말고 독립적으로 생각해야 한다.

"보이는 것이 반드시 진실은 아니다."

미국의 실험심리학자 다니엘 사이먼스Daniel Simons와 다니엘 레빈Daniel Levin은 '주의력'에 관련된 실험을 진행했다. 실험자가 지도를 들고 행인에게 길을 묻는다. 행인들이 의심 없이 길을 알려줄 때 다른 실험자 두 사람이 큰 문짝을 들고 질문자와 행인 사이를 지나간다. 그 찰나 행인의 시선은 문짝에 가로막힌다. 이때 질문자가 교체된다. 문짝을 든 사람이 지나가면 행인 앞에 서 있는 사람은 아까 그 사람이 아니다. 키도, 입고 있던 옷도 다르고 분명 목소리도 다르다. 이를 알아챈 행인은 얼마나 될까? 겨우 절반도 안 되는 47%의 행인이 질문자가 바뀌었다는 사실을 알아챘다. 유사한 다른 연구에서는 33%에 불과했다. 많은 사람이 바로 눈앞에서 발생하는 일도 알아채지 못했다. 왜 그럴까?

사람들은 과제를 받으면 문제 해결이라는 목표에 주목한다. 목표 달성과 직접적으로 관련 있는 정보만을 선택하고 처리하는 데 치중한다는 것이 심리학자의 설명이다. 자신이 많은 것에 주의를 기울이지 않는다는 사실조차 인식하지 못한다고 한다. 심지어 '나와 이야기 나누는 사람'을 분명하게 의식하지 못하는 단계까지 이른다. 이러한 현상을 '변화 맹시Change Blindness' 또는 '변화맹'이라고 한다.

현대를 사는 우리도 목표만을 주시하는 '맹시'가 아닐까? 성적과 실적만을 바라보다 지속 가능한 발전의 가능성을 외면해버린 건 아닌가 의문이 든다. 돈, 더 좋은 집, 더 비싼 차만을 바라보다 이미 지칠 대로 지쳐버린 자신을 보지 못하는 건 아닐까?

리쯔치는 전원생활을 주제로 활동하는 유튜버다. 3월에 복숭아꽃이 피면 꽃을 따다 술을 담그고 5월에 비파가 익으면 비파비스킷을 만든다. 누에에서 실을 뽑아 수를 놓았으며 대나무 공예를 전시하고 목공예를 했다. 그의 작품은 전원의 정취와 자연의 풍광을 담았을 뿐만 아니라 전통 '노동'의 매력을 보여주었다. 그녀의 운치 있는 산촌 생활은 여유로웠으며 풍요로웠다. 사람들은 물질과 소비 지향적인 사회에서 벗어나 자연 친화적인 그녀의 생활을 동경했다.

어렸을 적 어머니는 뜨개질로 스웨터를 짜주셨다. 한 코 한 코 반복하면 어느새 큰 변화가 생긴다. 할머니의 재봉틀이 '다다다다' 돌아가던 소리도 기억한다. 새해가 되면 온 가족이 함께 둘러앉아 만두를 빚었다. 누구는 소를 만들고 누구는 피를 만들었다. 할아버지가 큰 솥에 물을 끓이고 만두를 쪘다. 노동은 몸에 기억을 저장하는 훌륭한 방식이며 가장 창의적인 부분이기도 하다.

현대인은 최대한 노동을 피하려고 노력한다. 차를 타고 갈 수 있다면 걷지 않고, 사 먹을 수 있다면 손수 음식을 하지 않는다. 넉넉한 살림이라 도우미를 부를 수 있다면 자신의 손으로 청소하지 않는다. 대신 기술 문명이 가져온 가상공간에서 인생을 즐긴다. 그로 인해 두뇌에는 잡다한 지식과 정보만 쌓이고 감각은 되살려내지 못한다. 오직 원초적인 자극만 받을 뿐이다.

몸을 황폐하게 만든 결과 얻게 되는 것은 끝없는 공허함과 허망함, 불안이다. 삶은 그로 인해 생동감을 잃는다. 뒤처지지 않기 위해 남보다 더 알아야 한다는 생각을 버리자. 대신 두뇌에 자신을 둘러싼 감각적 에너지를 받아들이자. 오감을 열어 자극되는 감각을 감상하자.

## 스스로 하는 글쓰기 연습_**몸의 감각 쓰기**

몸의 감각을 느끼는 경험은 자신을 되찾는 첫걸음이다. 호흡과 심박, 두 발로 바닥을 딛는 느낌, 감정, 에너지 매 순간의 생명력. 자신을 활짝 열어 새로운 가능성을 맛봐야 한다. 목욕하거나 땀 흘려 운동하거나 마사지를 할 수도 있다. 차를 마시거나 서로 끌어안고 음악을 들을 수도 있다. 모든 감각 기관을 열고 눈, 귀, 코, 혀, 사지를 충분히 사용해 삶 전체를 끌어안고 체득해보자. 우리의 몸은 가장 직접적이고 가장 예민하고 가장 완전한 감각 통로이다. 이 순간 발생하는 모든 것을 느끼며 완전히 살도록 도와준다.

**오감을 활용하라**

내 몸의 다양한 감각이 살아나 행복함을 증명해낸다.

다음과 같이 글을 시작해보자.

**"내가 본 것은…."**

눈으로 본 색깔과 색깔이 전달하는 느낌을 묘사해보자. 눈으로 본 빛과 빛의 강약이 가져다주는 느낌을 그대로 쓰면 된다. 가까운 데서부터 멀리, 다시 멀리서부터 가까운 곳을 바라보고 나서 눈으로 본 전부를 글로 쓰거나 시선을 사로잡은 한 가지 사물을 글로 쓸 수 있다. 또는 세심하게 한 가지 사물에 응시할 수도 있다. 책상 위 달력을 보고 예전에 미처 발견하지 못했던 세세한 부분을 써볼 수 있다.

**"내가 들은 것은…."**

귀로 들은 소리와 전달받은 느낌을 묘사해보자. 현재 있는 장소에 가득 찬 소리나 그 소리의 발원지를 적어도 좋다. 볼륨의 크기, 소리가 먼 곳에서 들리는지 가까운 곳에서 들리는지, 소리의 리듬과 선율을 쓴다면 공감각을 활용한 글이 된다. 다른 사람이 말할 때 눈을 감고 소리를 들으면 그의 생김새를 느낄 수 있다. 어떤 선율을 들었을 때 그것이 전달하는 정서를 느낄 수 있는가? 특별히 고요한 환경에 있다면 자신의 심장이 뛰는 소리를 들을 수 있는가?

**"내가 만진 것은…."**

손가락으로 가볍게 어떤 사물을 만져본다. 도자기 컵일 수도 있고 곰돌이 인형일 수도 있다. 손끝에 전해지는 온도, 질감, 감촉을 그대로 표현하면 된다. 혹시 그것에게 해줄 말이 있다면 대화체로 쓰자. 뭐라고 말하고 싶은가? 자신의 두 손, 뺨, 머리카락, 혹은 몸의 다른 부분을 만져볼 수 있다. 자신에게 무슨 말을 하고 싶은가?

**"내가 맡은 향기는…."**

신선한 공기를 들이마셨다면 그 순간을 포착해 글로 적어보자. 외부에서 다시 집으로 돌아올 때 문을 열고 들어온 후 집안의 향기에 주의를 기울여보자. 요리하며 맡는 음식의 풍미와 양말을 벗었을 때 후각의 예민함에도 유의하자. 후각은 우리가 가장 쉽게 등한시하는 부분이지만 무의식에 미치는 영향은 가장 크다. 자신이 좋아하는 사람의 향기에 집중해도 좋다. 그리고 향기 안에 어떤 기억이 있는지 글로 쓰면 좋은 추억이 되새겨진다.

**"내가 먹은 것은…."**

음식을 먹을 때 잠깐 멈춰보자. 식감이나 맛과 향기를 음미하기 위해 감각을 깨우면 좋다. 가볍게 음식을 입에 넣은 후 씹지 않고 그 향기가 천천히 입안에 퍼지는지 느껴본다. 의식적으로 한두 입을 깨물어보고 잘게 씹어본다. 그런 다음 향기에 어떤 변화가 생기는지 체험해볼 수 있다. 씹을수록 터져 나오는 맛을 감상하고 삼키고 싶은 충동과 위에서 꼬르륵꼬르륵거리는 소리를 동시에 느껴볼 수 있다.

# 스스로에게
# 자유를 허하라

베이징대학의 쉬카이원 교수는 '공심병空心病' 개념을 제시했다. 마음이 텅 비어 생명력을 잃은 증상으로 허전함, 무기력, 존재감 결핍의 통합적 표현이다. 개인적 조건과 가정 여건이 나쁘지 않은데도 불구하고 진정 원하는 것을 찾지 못해 삶의 의미와 원동력을 느끼지 못하는 것이다. 최근 몇 년 사이 이런 심리 현상이 사회 각층에서 대두되고 있다.

"내가 뭘 하고 있는지 모르겠어. 도대체 무엇을 원하는지."
"내가 누군지조차 모르겠어. 어느 순간 두려움을 느낄 때가 있어."

"난 나 자신을 위해 살아본 적이 없어. 아니 살아있던 순간 자체가 없었던 것 같아. 이런 인생이 무슨 의미가 있을까?"

"공부를 잘했고 일을 잘하는데도 행복하지 않아. 그렇다고 못해 내고 싶지도 않아."

이것이 공심병에 걸린 사람의 감정이다. 의기소침, 흥미 감소, 쾌감 감소 증상이 우울증처럼 보이기도 한다. 그들은 사회적 시선을 매우 의식하고 좋은 이미지로 남기 위해 노력한다. 그로 인해 자신은 매우 고단하고 피로한 삶을 살게 된다.

'미소우울증'이 이들을 표현하기에 적합할 것 같다. 표면상으로는 즐겁지만 내면에서는 외롭고 무의미함을 느낀다. 사회나 주변 사람과 감정적 연결을 맺지 못한 데서 오는 괴리감이다. 관계에서 영양분과 즐거움을 얻지 못한 그들은 우수한 성적, 목표 달성, 성취감으로 대리만족하려고 한다. 하지만 '목표'가 달성되는 순간 내면의 '허전함'이 순간적으로 밀려온다. 텅 비어 있는 마음에는 그 순간 누릴 기쁨의 씨앗조차 없는 것이다.

과학기술의 발전은 사회의 고도성장을 촉진한다. 로봇은 이미 우리 삶에 들어와 있다. 청소와 설거지에서부터 음식을 나르고 물건을 받기까지 한다. 인간에게 책을 읽어주고 말동무가 되어주기도 한다. 은행 자동인출기, 무인 택시, 박물관의 해설사도 걸어 다니는 블루투스 설비로 바뀌었다. 이대로 발전을 거듭하면 더 '첨단', 더 '핫한', 더 '찬란한' 생활을 영위할 것처럼 보인다.

비행기와 고속기차는 물리적 거리와 오가는 시간을 줄였다. 영상통화로 어디에 있는 누구라도 언제든지 만날 수 있다. 하지만 가까워지고 쉬워진 만남인데 사람 사이의 감정은 오히려 옅어졌다. 형식적 인사와 말을 나누며 마음을 소통하지 않는다. 관계의 중요성은 무시되고 진정 어린 대화는 점점 줄어들고 있다. 삶이 '세련된 공허'에 빠져들고 있는 느낌이다.

이대로 발전을 거듭하다가 최첨단 과학기술이 인간만이 누릴 수 있는 권리와 감성을 앗아가지 않을지 우려스럽다.

### 삶은 완성을 기다리는 계획표

미국의 동화작가 아놀드 로벨Arnold Lobel이 쓴 《개구리와 두꺼비가 함께》를 보자.

새로운 하루가 시작되면 두꺼비는 침대에서 일어나 종이에 그날 해야 할 일을 적는다.

"일어나기!"

그는 이미 일어났지만 꼭 글로 적는다. 그다음 '아침 먹기', '옷 입기', '개구리하고 산책하기', '점심 먹기', '낮잠 자기', '개구리하고 놀기', '저녁 먹기', '잠자기'라고 쓴다. 하나하나 계획표의 일들을 완성하고 끝냈다. 어느 날, 두꺼비가 개구리 집에 가서 "내 계획표대로라면 지금은 산책 시간이야."라고 말했다. 둘은 산책을 했고 두꺼비는 계획표에서 '개구리하고 산책하기'에 줄을 죽 그었다. 그때 갑자기 거센 바람이 불어와 두꺼비의 손에 있던 계획표를 휙 날렸다. 개구리는 얼른 쫓아갔지만 두꺼비는 쫓아갈 수 없었다. 날아간 계획표를 쫓아가는 일은 계획표에 없었기 때문이다. 두꺼비는 멍하니 그곳에 앉아 있을 수밖에 없었다. 개구리는 계획표를 찾지 못하고 빈손으로 돌아왔다. 두꺼비는 계획표에 어떤 일이 적혀 있는지 전혀 기억나지 않았다. 개구리가 말했다.

"두껍아, 날이 어두워 온다. 우리 이제 자러 가자."

"잔다고! 그게 바로 내 계획표 맨 끝에 있는 거야."

두꺼비는 막대기로 땅바닥에 이렇게 썼다. '잠자기' 그러고 나서 줄을 죽 그었다. 두꺼비는 그제야 하루가 끝났다고 느꼈다.

우리는 끊임없이 업데이트되는 계획표를 실행하고 있다. 그로 인해 삶은 유연성을 잃게 되었다. 때로는 감정까지 계획표 속 '과업'이 된다. '상으로 나에게 달콤한 아이스크림 사주기', '원고를 끝내고 나면 조용히 15분간 산책하기', '애인과 저녁 먹을 때 5분 동안 경청하기' 등 이런 일을 위해 알람을 맞추고 있지 않은가?

**걱정 탓에 감성을 몰아내고 있는가**

퇴근 이후 일정이다. 온 가족이 모여 저녁 식사한 뒤 과일을 먹으며 대화를 나누고 아이 숙제를 봐주기로 했다. 저녁 식사까지는 잘 진행되었다. 아이가 게임을 시작한 것을 보며 설거지를 시작했다. 그릇을 닦으면서도 귀를 쫑긋 세우고 거실의 동태를 살핀다. 아이가 게임을 끝내지 않으면 어쩌나 걱정하면서 그만하라고 말해야 하는지 고민한다. 내적 갈등이 증폭될 때 다행히 아이가 자기 방으로 들어갔다. 계획대로 모든 일을 끝낸 당신은 저절로 안도의 한숨이 몰아 나온다. 휴~.

우리의 바쁜 일상은 지금 하는 일을 끝내면, 장소를 옮기면, 다른 곳에 도착하기만 하면 여유가 생긴다고 믿는다. 팔을 벌려 '지금 이 순간'을 즐겨야 하는데, '해야 할 일'을 어서 해치우고 완성 표시줄을 죽 긋는 데 급급하다. 이렇게 되면 행복이 스치는 매일 매 순간을 놓치고 만다. 장담컨대 지금 발 디디고 서 있는 순간의 행복을 느끼지 못한다면 다음으로 이어지는 행복은 없다.

오늘의 가치와 지금의 소중함을 잊지 말자. 걱정보다 만족을 먼저 앞세워야 한다. 밥을 먹을 때 아이가 게걸스럽게 먹는 모습을 보며 기뻐하고, 밥을 먹은 후 소파에 기대어 아이와 함께 수다를 떨고 숙제할 시간을 정한 후 설거지하고 자신을 위해 음악을 틀어보자. 이런 소소한 감정을 놓쳐서는 안 된다. 일과 걱정으로 마음을 가득 채우려고 감성을 몰아내면 안 된다. 가시밭길 같은 삶이라도 모든 순간에 기쁨이 깃들어 있다.

### 좋은 것도 나쁜 것도 그대로 받아들여야

공심병은 '가치관 결핍'과도 관련 있다. 가치관은 자신이 무엇을 해야 의미가 있는지 선택과 결정을 도우며 행동의 기준을 제시한다. 이를 바탕으로 의미 있는 일을 찾고 추진하고 달성해나가며 인생을 완성한다. 예를 들어 관계를 중시하는 가치관을 지녔다면 자기감정을 관리하고 다스리기를 즐긴다. 다른 사람을 위해 시간을 내고 기꺼이 자기를 희생한다. 그 결과 일의 성과가 타인과 사회에 기여한다. 이들은 여기에서 큰 만족을 얻는다.

자신이 진정 즐겁고 내면을 충실하게 돋우며 생명의 존엄성을 느끼는 기준을 찾아보자. 그곳에 자신의 감정을 담아야 한다. 그러면 인생의 방주는 방향을 잃지 않는다. 파도가 고요할 때는 만선이 되어 돌아오고 모진 풍파가 닥쳐도 두려워하지 않고 올바른 방향으로 배를 몰아 안전히 도달할 수 있다. 가치관이 바로 서면 험난한 삶도 순풍에 돛단 듯 나아갈 수 있다.

행복과 아름다운 경험은 삶이 주는 선물일 뿐이다. 인생의 대부분은 고난의 연속이다. 슬픔, 낙담, 피로, 분노, 수치, 실패, 뒤처짐, 낙오, 좌절 등 선물보다 고난에 직면하는 때가 더 많다. 그럴수록 사람들은 의식적으로 '나쁜 감정'을 피하려고 한다. 하지만 이것들은 집요하게 들러붙는다. 도망칠수록 뒤를 쫓아 자신을 몰아간다. 피할 수 없으면 즐기자.

삶이 곤경에 빠졌다면 자신의 감정을 살필 절호의 기회이다. 고난이 깊고 헤어 나오지 못할 어려움의 연속이라도 진심으로 자기 내면을 마주하고 여러 감정을 마주해야 한다. 솔직하게 힘듦을 고백하고 이겨낼 수 없는 시련을 고백하자. 지친 마음을 털어놓으면 현재의 자신을 대면할 수 있다. 거울 앞에 선 것처럼 자기 내면이 보인다면 잘 이겨내고 있는 자신에게 위로를 건네자. 자신의 감정이 응집되고 한층 단단해지는 것을 느낄 수 있다.

마음은 의외로 힘이 강해서 자기의 관찰방식, 사고방식, 행동방식을 지배한다. 어디로 도망치든 그 방식이 바뀌지 않는 한 문제가 해결되지 않는다.

오래된 마음의 상처에 깨달음은 현재의 고통과 어려움을 덧낼 수도 있다. 그러나 상처가 흉으로 남을지라도 그 아름다움은 우리의 몸과 마음에 새로운 가능성을 열어줄 것이다.

예술은 감정의 표현이다. 글쓰기는 예술적 표현의 한 방식이다. 글을 쓰며 감정이 충분히 흐르고 표출되도록 하자.

샌프란시스코의 무용치료사가 신체 실험을 진행했다. 64명의 학생을 3그룹으로 나누고 한 그룹은 신체로 고통스러운 체험을 표현하도록 했다. 다른 그룹은 신체로 표현한 후 10분 동안 고통스러운 경험을 글로 쓰도록 했다. 그리고 나머지 한 그룹은 그냥 규정된 동작(스트레칭이나 맨손체조 등)을 연습하도록 했다. 이 과정을 각 그룹은 하루에 최소 10분씩 3일 연속 진행했다.

실험 결과 두 개의 표현 운동 그룹의 참가자는 감독을 받거나 음악에 맞추지는 않았지만, 규정된 동작을 연습한 그룹보다 더 운동을 즐겼으며 더 건강해졌다. 그리고 생리적 건강 지표는 표현 운동을 한 후 글쓰기를 한 참가자만이 개선되었다. 이 실험은 감정을 글이나 언어로 전환하는 것이 얼마나 중요한지 보여준다.

그림으로 감정을 드러내는 것도 도움이 된다. 그림을 그리는 과정이 대부분 인지적이라기보다 감정적이기 때문이다. 컬러링북이 유행하는 이유도 채색으로 감정을 표현하고 스트레스를 해소하는 출구 역할을 하기 때문이다. 연구에 따르면 그림 그리기는 정서 관리 능력을 기르는 데 도움이 된다고 한다.

### 글쓰기를 통한 감정 표현

어떤 사람은 글로 감정을 표현하는 것을 쉽게 한다. 한번 쓰기 시작하면 밤새 펜을 놓지 못한다. 하지만 어떤 사람은 그렇지 못하다. 이성적인 분석과 설명에 익숙한 사람이라면 더더욱 감정을 글로 표현하기 쉽지 않다. 이런 당신을 위해 감정과 연결되는 법을 알아보자.

### 그것과 나의 이야기

주변에서 특별한 장소나 특별한 물건을 찾아보자. 자신에게 특별한 의미가 있다면 어느 것이든 가능하다. 그것을 바라보았을 때 와닿는 느낌을 써 내려가면 된다. 감을 잡기 어렵다면 3인칭으로 쓰자. 다른 사람의 이야기를 전하듯이 써보는 것이다. 책상 위의 모든 물건이 어디에서 왔는지 그 뒤에 어떤 이야기가 있는지 기억을 더듬어 보자. 이야기는 감정의 최고 매개체다.

편지를 써보는 것도 추천한다. 인생에서 중요한 사람은 모두 나와 많은 감정의 교류가 있다. 그들에게 하고 싶은 말, 그들에게 털어놓고 싶은 바람, 발산하고 싶은 분노는 무엇인가? 편지는 자신의 감정을 잘 담아낼 도구이다. 편지를 꼭 부칠 필요는 없다. 그러니 감정을 억누를 필요도 없다. 그저 흘러가는 대로 쓰면 된다.

### 영화 속 이야기의 도움으로

정말 쓸 만한 이야기가 없다면 영화나 드라마를 보자. 다만, 코미디는 피하는 것이 좋다. 단순한 카타르시스와 이완은 질감 있는 감정을 불러일으키지 못한다. 문학예술이나 윤리를 다룬 영화, 깊이 있는

애니메이션도 괜찮은 선택이다. 다 본 후에 감상문을 쓰면서 영화를 볼 때 어떤 일이 떠올랐는지, 누구를 생각했는지, 어떤 대목에서 눈물을 흘렸는지, 왜 그랬는지 생각해보자.

**음악과 독서의 도움으로**

음악을 듣거나 문학작품을 읽으면 영화를 보는 것과 마찬가지로 감정을 발견하고 느낄 수 있다. '감정적으로 대응하면' 업무의 효율을 떨어뜨리고 생활이 엉망이 된다고 걱정하는 사람도 있다. 하지만 정말 감정이 풍부하고 감정을 잘 다스릴 줄 아는 사람은 감정적으로 대응하지 않는다. 반대로 충동은 억압에서 비롯되며 공허함은 도피를 그림자처럼 따라다닌다. 감정 없이 이성만을 중시하는 사람은 종종 그릇된 길로 빠지기 쉽다. 감성적이고 유연해진다면 '계획표'나 'To-Do 리스트'에 얽매지 않는다.

# 자아도취가 아니라 자아 발견을 하라

나르키소스는 그리스 신화에 나오는 인물이다. 강의 신 케피소스는 물의 요정 리리오페를 아내로 맞아 아들을 낳았다. 그의 부모는 예언자에게 아들 나르키소스의 운명이 어떻게 될지 물었다. 예언자는 '만약 그가 자신을 알지 못하면 오래 살 수 있을 것'이라는 아리송한 말을 했다.

소년으로 성장한 나르키소스는 어느 날 물에 비친 자기 모습을 보게 된다. 물에 비친 자신의 아름다움에 감탄하여 사랑에 빠졌다. 매일 호숫가에 앉아 먹지도 마시지도 않고 하염없이 자신의 얼굴만을 바라보았다. 그러다 결국 자신의 모습을 열망하다가 결국 그 자리에서 숨을 거두었고 그 자리에는 수선화가 피었다.

현대사회의 활발한 SNS는 나르시시즘을 조장한다. '자신의 아름다움을 발견할 줄 알아야 해', '너는 훌륭한 가치가 있어', '넌 세상에 하나밖에 없는 존재야'라는 심리적 암시를 주입하며 자아를 팽창Ego Inflation시킨다. 보정 프로그램으로 굴욕 없는 셀카를 즐기고 시도 때도 없이 자신의 '멋진' 생활을 기록하고 정성껏 배치한 사진에 '감성'을 담은 문구를 넣어 SNS에 올린다. 늘어나는 '좋아요' 숫자에 흐뭇해하며 스스로 나르키소스가 된다.

미국 조지아대학 심리학과 교수 로라 버파디Laura Buffardi와 키스 캠벨Keith Campbell은 3만여 명의 페이스북 사용자에게 자기애 정도를 평가하도록 했다. 그 결과 자기애 지수가 높을수록 SNS 활동이 활발한 것으로 나타났다. SNS에 친구가 많을수록 매일 업데이트하는 정보도 많았다. '좋아요'를 눌러주는 사람이 많을수록 자기애가 높았다. 결국, 소셜미디어가 자기애를 부추기는 있는 것이다.

### 이기주의자를 낳는 자존감 교육

미국 샌디에이고주립대학 심리학 교수 진 트웬지Jean M. Twenge는 《나 세대Generation M)》로 큰 반향을 일으켰다. 세계대전도 대공황도 겪지 않은 세대는 부유한 가정과 미디어의 혼재 속에서 자랐다. 자신이 매우 특별하며 중요한 존재라고 존중받았기에 '나 세대'는 자신에 대한 기대가 매우 높고 자신만만하며 낙관적인 태도를 보이는 특징이 있다.

트웬지 교수는 '나 세대'가 받은 가정교육 방식인 '자존감 교육'에 상당한 우려를 표했다. '자존감 교육'은 '너는 매우 중요하고 특별한 사람'이라는 점을 일깨우기에 급급해 혼내거나 야단치지 않는다. 오로지 격려하며 애정을 쏟아 자신감을 높이고 자기 존재를 긍정하도록 만드는 것이다. 그러나 현실은 혹독하고 가차없이 잔혹해서 자신에 대한 기대치가 지나치게 높으면 작은 어려움에도 쉽게 좌절할 수 있다.

'우리 아이가 최고다', '아이의 타고난 기질을 존중해야 한다', '아이를 방목형으로 키워야 한다', '아이를 무조건 사랑해야 한다'라는 자존감 교육 이론은 이미 많은 부모의 마음에 자리 잡았다. 부모는 자신이 어렸을 때 받은 보수적이고 엄격한 교육방식으로 아이를 대하지 않는다. 자아에 날개를 달아주어 자기 꿈을 이루게 해주고 싶은 것이다. 자신이 믿어준 만큼 '아이가 반드시 성공한다'라는 교육관이다.

그로 인해 아이들은 성공과 감정 사이에서 어떻게 균형을 잡아야 하는지 모른다. 감정을 이해하고 자신이 추구하는 삶을 고민하지 않는다. 오로지 성공만을 추구하며 시험 점수가 전부인 것처럼 군다. 그들에게 타인은 뛰어넘을 대상이거나 이겨야 할 경쟁자일 뿐이다.

### 환상에 빠진 전능감

기회와 유혹이 가득한 시대이다. 화려한 생활을 선보이는 아이돌, 연예인, 유튜버가 가장 선호하는 직업으로 등극했다. 그들은 마음껏 자신을 발휘하고 내세운다. 팬들은 그들의 활동과 움직임 하나에도 반응하며 환호하고 눈물까지 흘린다. 만인이 주목하는 막강한 '전능감'에 너나없이 빠져든다.

한편 인터넷은 모두에게 평등한 기회를 준다. 누구나 '스타가 될' 기회의 장을 열어두었다. 각종 오디션 프로그램은 꿈에 한 발 더 다가서게 도와준다. 화제를 만들고 이목을 끈다면 일약 스타가 될 수 있다. '하루아침에 유명해지는 것'은 오랜 시간에 걸쳐 노력을 쌓을 필요가 없는 듯 보이고 단 1분을 위해 10년의 노력이 필요하다는 말은 시대를 모르는 고리타분한 교훈이 되었다. 부풀려진 미디어의 보도는 성공한 인물의 주관적인 의지를 지나치게 강조한다. 성공 뒤에 가려진 천부적 소질이나 노력, 성실함, 기회는 묵살한 채 운만 따르면 노력 없이 성공한다는 오해를 생산한다.

최첨단 과학이 가져온 편리함도 전능감에 빠지게 한다. 스마트

워치로 아이의 위치를 확인할 수 있고, CCTV로 아이의 학습상태를 감시할 수 있다. 집안의 TV를 켜고 끄는 것도, 인터넷에 접속하는 것도 부모가 단말기로 통제가 가능하다. 스마트기기가 부모에게 전능감을 선물하는 것이다. 아이나 통제받는 사람은 부지불식간에 감옥에 갇힌 꼴이 되며 자신만의 경계는 무참하게 침해당한다.

느슨한 대출 정책도 전능감을 부추긴다. 자신의 경제 능력으로는 구매할 수 없는 물건도 대출이나 할부를 이용하면 쉽게 손에 넣을 수 있다. 그로 인해 자신의 처한 현실과 현실 대응 능력을 과대평가하게 된다. 필사적으로 집을 장만하고 명품백을 사며 스스로 부유하고 성공한 인물이 된 듯한 느낌을 즐긴다. 소소한 게임도 전능감을 부추긴다. 인터넷에서 씨앗을 뿌리고 물을 줄 수 있고 손가락으로 터치만 몇 번 하면 수확의 기쁨도 느낄 수 있다. 클릭 몇 번이면 성도 지을 수 있다. 그 성은 언제든지 부수고 다시 지을 수 있다. 힘들이지 않고 쉽게 손에 넣을 수 있는 쾌감은 인간을 전능감의 자극에서 헤어 나올 수 없게 만든다.

### 건강한 자기애는 현실의 자아로부터

'자기애'가 충만한 사람은 표면적으로 아름답고 매혹적이다.

왜 아니겠는가. 자신의 능력을 높게 평가하고 자신을 지나치게 사랑한 나머지 사회적 위치, 외모, 지적 수준과 창의력이 모두 남보다 높다고 여기고 그 기준에 맞춰 행동하기에 멋져 보인다. 다른 사람이 이를 인정해주지 않으면 화를 내고 관계를 끝낸다. 다른 사람을 깎아내림으로써 자신에 대한 호감을 높이는 방법을 사용하기도 한다. 이러한 나르시시스트는 사람들과 깊은 관계를 맺을 수 없다.

나르시시즘에 빠진 이들의 자존감은 외부의 조건(외모, 돈, 사회 경제적 지위)과 긴밀한 관계가 있다. 외부의 조건이 좋을 때(또는 자신이 생각하기에 좋을 때), 자기애가 높아지고, 외부의 조건이 좋지 않을 때(혹은 자신이 위협받는다고 느낄 때) 자기애는 상처 입는다. 그리고 자신의 '우월감'을 유지하기 위해 현실 검증을 차단한다. 진실한 모습이 밝혀지는 것에 공포와 불안을 느끼기 때문이다. 오로지 자신에게 꽃과 박수를 안겨주는 세계에만 머물고 싶을 뿐이다.

성격장애로서 자기애의 끝은 '전능감'이다. 무슨 일이든 할 수 있으며 생각만 하면 외부 세계는 자신이 원하는 대로 응답해준다고 믿는다. 게임처럼 손가락만 까딱하면 무엇이든 얻을 수 있고 통제되는 세상에 산다고 착각한다. 아이러니하게도 이러한 전능감은 매우 나약한 자아에서 나온다. 무엇이든 할 수 있다고 상상하면서도 나중에 현실을 마주할 때 좌절감을 맛보게 될까 봐 두려움에 떤다. 무력감, 무능감, 수치심이 우울한 상태에 빠지기도 한다.

건강한 자기애는 자신이 현실에 대응해 귀하게 여길 가치가 있으며 보호받을 가치가 있다고 느끼는 것이다. 진실한 자아를 분명히 인지하므로 외부 조건이 변한다고 해서 바뀌지 않는다. 진실한 감정은 통장에 돈이 얼마나 있는지 좋은 차와 집이 있는지에 좌우되지 않는다. 책을 얼마나 읽었는지, 중요한 책임을 맡고 있는지에 따라 달라지지도 않는다. 외적인 성과는 자기감정에 충만함과 기쁨을 부여할 뿐이다. 건강한 나르시시스트는 외적인 성과를 잃더라도 삶을 만끽하고 용감하게 사랑할 수 있다.

### 타인을 사랑하면서 자신을 사랑하는 법을 배우다

자신을 사랑하기란 결코 쉽지 않다. "나조차 나를 사랑하지 않으면 누가 나를 사랑하겠어? 또 어떻게 다른 사람을 사랑할 수 있겠어?"라는 식의 자기 사랑은 사회에서 불협화음을 만든다. 타협하지 않으며 갈등과 마찰에서 인내를 모르고 오롯이 자신의 감정에만 주목한다. 이것이 정말 자신을 사랑하는 것일까?

현대인이 자신을 사랑하는 방법은 다양하다. 명품 옷을 입고, 커피를 마시고 고급 음식을 먹고, 휴양지에서 휴가를 보내고 절제 없이 카드를 쓴다. SNS에 가장 트렌디한 '행복'과 견주며 자신도 그렇게 해야만 자신을 사랑하는 것처럼 여긴다. 그러나 이는 다른 사람의 기준으로 자신을 사랑하는 것이다.

자신이 정말 원하는 것을 알고 있는가? 어떤 문화가 자신의 이미지에 맞는지 생각해보았는가? 당신이 행한 모든 것이 자신을 사랑하기 위해서인가? 아니면 누군가 당신을 사랑하고 있다는 것을 알리기 위해서인가? 회사를 떠나야 할 때 미래를 계획하고 준비하는가? 자신의 실패를 감추지 않는다고 확신하는가?

사람이 성장하는 과정은 수없는 좌절에서 자신이 완벽하지 않음을 배워가는 것이다. 현실에 대응하며 타인의 사랑과 격려에서 고난을 극복하고 욕구를 통제하며 자신을 믿고 서로 의지하는 법을 배워야 한다. 단언컨대 자신을 사랑하는 것은 자신을 방임하는 것이 아니다.

자신의 나약함과 무력함을 받아들이고 갈망과 필요를 인정하자. 자신이 모르는 것, 할 수 없는 것, 지금 없는 것을 허용해야 한다. 어느 부분에 더 두각을 나타내는지 알고 어떻게 노력해야 꿈을 실현할 수 있는지 깨달아야 한다. 자신을 사랑하는 전제는 진실한 자아 상태를 자세히 들여다보고 조금씩 더 나아지도록 노력하는 것이다. 이상만 추구하다 공허함과 초조함에 빠지지 말자.

자기 내면에 기쁨을 채우는 것이 자신을 사랑하는 길이다.

시간을 들여 방을 청소하고 옷을 깨끗이 빨아 걸어두면 기분이 좋아진다. 어지럽혀진 방을 정리하고 바닥을 닦고 소파에 기대 깨끗해진 방을 둘러보면 뿌듯한 마음이 든다. 일상의 자질구레한 일을 마친 뒤 햇빛이 비치는 카페에 앉아 책을 읽거나 아니면 한 편의 드라마를 보는 것도 좋다. 자신의 일상을 사랑할 때 진정으로 자신을 사랑하게 된다.

### 삶에 대한 경외심은 자신을 위한 최선의 방패

몽상가들은 "태풍을 만나면 돼지도 날 수 있다."라는 말을 즐겨 사용한다. 샤오미小米의 레이쥔은 "창업자는 돼지가 날 수 있는 태풍의 입구를 찾아야 하며, 태풍의 입구에만 서면 작은 날개라도 키워 더 높이 날 수 있다."라고 말했다. 하지만 몽상가들은 많은 시간을 두고 어떻게 날지 고민하는 것과 작은 날개를 어떻게 키우는지는 간과한다. 그래서 태풍 앞에 선 사업가는 많아도 살아남은 사람은 극소수이다. 스스로 '작은 날개'를 키울 수 있는지가 관건이다. 그렇지 않으면 바람이 그친 후 어떻게 계속 날겠는가.

물론 기회는 다양하게 다가온다. 기회만 잡으면 벼랑 끝에서도 기사회생이 가능하다. 하지만 정말로 성공하는 사람은 극소수에 불과하다.

중국 라이브 커머스의 여왕 웨이야薇娅, Viya는 17세부터 독립적으로 영업을 시작했다. 화려한 외모로 아이돌 선발 프로그램에서 우승을 차지하였지만, 연예계에 남지 않고 남편의 권유로 의류사업을 이어갔다. 몇 년간의 노력 끝에 오늘날 라이브 커머스의 여왕이 되었다. 그녀의 성공 뒤에는 끈질긴 노력이 있었다. 오랜 연구와 시행착오를 거쳐 완성한 사업의 결과라는 말이다.

사회적 성공에 지름길은 없다. 어떤 사람은 너무 일찍 자신의 운을 써버려 우담화優曇華처럼 나타났다가 덧없이 사라진다. 어떤 사람은 덕을 갖추지 못해 하루아침에 나락으로 떨어진다. 배우겠다는 자세로 차곡차곡 쌓은 노력만이 배신하지 않는다. 삶에 대한 경외심은 자신을 위한 최선의 방패다.

## 스스로 하는 글쓰기 연습_**네 가지 기본 방법**

글쓰기는 자신과의 대화이다. 진실한 자신과 솔직하게 만나 허심탄회하게 나누는 이야기가 글이 된다. 여기에서 글쓰기의 가장 기본적인 네 가지 방법을 소개하고자 한다. 자신의 내면을 잘 돌아보면서 부드럽게 자신을 탐색해보자. 진짜 자신과 만날 수 있다.

**방법 1_글쓰기 후 낭독하기**

글쓰기가 끝나면 자신에게 그 글을 읽어주자. 글을 쓸 때는 마음의 느낌을 한꺼번에 쏟아내지만, 낭독으로 그 느낌을 전해 들을 수 있다. 마음을 추스른 뒤 낭독하자. 낭독하기 전에 기지개를 켜고 일어나 물을 한잔 따르는 것도 좋다. 이렇게 하면 글을 쓸 때의 상태에서 빠져나와 객관적인 눈으로 자신을 대할 수 있다. 낭독하는 과정에서 자기 감정의 작고 미묘한 변화까지 체험할 수 있다. 때때로 자신이 쓴 내용에 공감하고 절묘한 문장에 놀라기도 한다. 글쓰기는 더 쉽게 무의식 상태로 들어가게 도와주지만, 낭독은 현실로 데려와 의식을 비추는 빛이 된다.

**방법 2_인칭 바꾸기**

글을 쓸 때 가장 흔하게 사용하는 인칭은 '나'이다. "나는 오늘….", "내가 발견한 것은….", "그때의 내 마음은…."이라는 표현을 가장 쉽게 쓴다. 그러나 어려움에 닥쳐 헤어 나오지 못할 때 1인칭을 사용하면 자기 사고와 감정의 수렁에 빠진다. 쓰면 쓸수록 해결과 멀어진다. 이때 3인칭을 사용해보자. 가장 단순한 방법은 '나' 대신 "세영이는 오늘 무슨 일이 있었니? 그녀는 동료와 말다툼을 할 때 기분이…." 라고 자신의 이름을 쓰는 것이다. 인칭의 전환은 시각의 변화를 의미한다. 이렇게 하면 자신에게 일어나고 일을 타인의 시선으로 바라볼 수 있다.

또 자신을 전혀 다른 인물로 가정해 볼 수도 있다. 어머니가 되어 보고, 10년 후의 내가 되거나 증오하는 사람이 되어 볼 수도 있다. 이렇게 다른 인물이 되어 당시에 일어났던 일을 글로 쓰면 다른 시각에서 자신을 들여다볼 수 있다.

### 방법 3_질문과 대답

질문은 답으로 통하는 가장 빠른 길이다. 머릿속이 복잡하고 갈피를 잡지 못할 때 자신에게 몇 가지 질문을 던져보자. 우선 질문 리스트를 만들고 그 질문에 차례로 대답한다. 주의할 점은 질문은 최대한 구체적이고 핵심내용을 담고 있어야 한다. 인터넷에서 쉽게 검색할 수 있는 질문 기술을 참고해도 좋다. 중요한 것은 마음속에서 묻고 싶은 질문을 던져야지 머리로 생각한 질문을 나열하기만 해서는 안 된다. '질문과 대답'은 자신과 자신의 대화이다. 이 역시도 인칭을 바꿔서 해볼 수 있다. 자신을 기자나 미래의 자신이라고 생각하고 질문을 던지고 자신에게 답해보자.

**방법 4_주석 달기**

마음이 혼란스러울 때는 정리가 필요하다. 글쓰기의 과정은 정리의 시작이다. 어수선한 마음으로 글쓰기를 한다면 분명 어지러운 글이 나온다. 복잡한 심경으로 글을 쓴다면 앞뒤가 맞지 않는다. 이때 주석을 달아주면 좋다. 쓴 글을 읽으며 빠트린 감정과 관점을 적는다. 글을 쓴 직후보다 최소한 하루가 지난 후, 아니면 그보다 시간이 더 지난 후에 주석을 달자. 시간별로 다른 색깔을 사용해 주석을 달고 처음 쓴 날짜와 주석을 단 날짜를 표시해두면 자기 안의 변화와 반복, 깨달음이 '가시화'된다. 바로 이것이 글쓰기의 중요한 성과이다.

# 이상의 출발점은 현재이다

드라마 〈겨우, 서른〉이 인기를 끌었다. 명품매장에서 일하는 왕만니는 뛰어난 업무 실적 덕분에 부상으로 유럽 크루즈 여행 티켓을 받았다. 배에 오른 그녀는 유혹을 참지 못하고 객실 업그레이드를 위해 신용카드를 꺼낸다. 고급 객실 이용 승객에게만 허용되는 뷔페에서 밥을 먹고 바에서 술을 마셨다. 음식 맛이나 술이 그녀의 상상만큼 최고는 아니었지만 매일 자신이 베풀던 서비스를 그대로 받고 있으니 흐뭇했다.

큰돈의 소비는 단순히 즐기는 것을 넘어 자신의 운을 건 일이었다. 그 일로 자신의 운명이 바뀔지 모른다는 기대를 품었다. 잠재 고객을 몇 명 발굴할 수 있고 '백마 탄 왕자'를 만날지도 모른다. 하지만 진짜 백마 탄 왕자는 그녀가 고급 객실에 있을 만한 사람이 아니라는 것을 눈치챘다. 객실 분위기에 맞게 옷도 잘 입었는데 왜 들켰는지 이해가 되지 않았다. 술에 취한 그녀가 물었다. "왜 제가 이쪽 객실 사람이 아니라고 생각한 거죠?" 그는 그녀를 바라보며 태연하게 말했다. "이곳의 여자들은 구두 밑창에 고무 따위는 대지 않죠."

## 품위 있는 가난

힘들게 번 돈을 쉽게 소비하는 사람들이 있다. 신용카드로 할부도 서슴지 않는다. 그런데 어느 부분에서는 또 철저하고 세심하게 따지고 좀스럽게 군다. 자신을 과시하기 위해 돈을 쓸 때는 펑펑 쓰지만, 능력에 한계가 있으므로 공동으로 부담하는 돈이나 적은 회비는 시시콜콜 따진다. 그들은 시내 중심가의 높은 빌딩에서 일하고 비싼 커피를 마신다. 가끔 고위층 손님을 만나거나 중요한 장소에 갈 일에 대비해 명품백과 옷을 산다. 때때로 정성껏 준비한 식탁보를 깔고 아보카도를 곁들인 아침 식사를 준비한다. 그리고 음식 사진을 찍어 SNS에 올린다. 자신이 얼마나 품위 있는 삶을 사는지 알리기 위해서다. 물론 평소에는 카드값을 충당하기 위해 대중교통을 이용하고 퇴근이 늦어질 때는 길가에서 가볍게 분식으로 때운다. 물론 이들의 삶을 무조건 비난할 이유는 없다. 하지만 그 간극과 괴리에서 오는 차이를 감당하지 못해 우울해지는 건 문제이다.

'품위 있는 가난'에 대한 두 가지 의견이 있다. 지지하는 쪽은 자기 돈을 자기 마음대로 쓰는데 다른 사람이 상관할 바가 아니라는 입장이다. 과소비라 해도 품위를 유지하는 것은 자신의 존엄성과 자존심을 지키기 위함이니 왈가왈부할 일이 아니라고 한다. 반면 반대편 쪽 사람은 가난하다면 우선 발등에 떨어진 문제부터 먼저 해결해야 한다고 말한다. 가난한 이가 어떻게 품위를 지킬 수 있단 말인가? 언젠가는 그 실체가 드러나고 만다고 경고한다.

경제 위기에 빠질 정도로 돈을 쓰면서 자기 존엄성을 지키는 사람은 소수이다. 하지만 정도의 차이만 있을 뿐 '품위 있는 가난'이라는 난처한 상황은 이미 많은 사람의 일상이 되었다. 자본과 물질이 주는 풍족한 삶 사이에서 이상의 자아와 현실의 자아는 매 순간 충돌한다. 그로 인해 '품위 있는 가난'이 허영심을 만족시키기 위한 의도적인 행동에 그치지 않고 삶을 철저하게 두동강 낸다.

### 현대 도시, 이상의 황무지에서 초심 잃지 않기

이상적인 자아는 자신이 진정으로 되고 싶은 사람이다. 심리학자 칼 로저스Carl Ransom Rogers는 사람의 내재적 동기가 잠재력을 최대한도로 끌어올린다고 했다. 자아실현 경향성이라고 하는데 이상적인 자아가 실현하려는 방향으로 삶을 이끄는 것이다.

"나는 어떤 사람이 되고 싶은가?"라는 문제는 어릴 적부터 성인이 된 후에도 계속 고민하는 문제이다. 과거에는 정보가 별로 없고 식견도 넓지 않아 사고의 폭이 좁았다. 따라서 주변 사람의 영향을 많이 받았는데 대체로 부모님이나 선생님이 안내하고 자신의 적은 경험과 들은 이야기를 토대로 꿈을 정했다. 그러니 꿈으로 정한 직업군은 선생님, 의사, 군인, 과학자, 검사 등 주변에서 만날 수 있는 대상이 대부분이었다.

이후 성장하면서 만나는 중요한 사람이나 책, 방송을 통해 알게 된 식견으로 사고의 영역을 넓혀 꿈을 수정한다. 비로소 이상이 생기고 삶의 목표나 가치가 정립되는 것이다. 자신이 바라보고 나아갈 길이 열어주는 무언가를 발견하고 만나는 것도 인생의 행운이다. 일반적으로 눈앞에 닥친 하루를 살아내기 급급한 사람들은 이조차도 발견하지 못한다.

안타깝게도 요즘 젊은이들의 이상은 하나로 모아진다. 자신의 천부적 소질이 어떻든, 무엇을 공부하고 싶든 상관없이 그들의 꿈은 벼락부자이다. 돈이 모든 것을 해결해주는 신적 대상이 되어버렸다. 과학 문명의 발달로 개방적이고 다원화된 시대를 살지만, 개인의 이상은 오히려 단순화되고 직관적으로 변했다.

이상적인 자아도 마찬가지여서 진실하고 생생한 생명의 깨달음이 아니라 천편일률적으로 컨베이어 벨트에서 생산해내는 화려한 선물상자가 되고자 한다.

품위 있는 이상은 자기 내면의 소중한 자산이다. 마음에서 확실히 정한 사랑이며 혼란 속에서 노래 한 줄이 주는 여유다. 이런 이상이 날마다 앞으로 나아가게 이끌고 자아실현의 과정에서 움직이게 한다.

### 현실 자아, '월급의 노예'

요즘 젊은이들은 자신을 '월급의 노예'라 생각한다. 돈 때문에 일하는 현실에서 피하지도, 대항하지도, 몸부림치지도 못하는 일면을 보여준다. 성공에 대한 희망이 절망으로 바뀌었다는 뜻이기도 하다. '월급 루팡'이라는 말도 있다. 일은 하지 않고 월급을 받는 사람을 뜻한다. 근무시간에 딴짓하는 일은 별로 없지만 바쁜 척하고 자기 일을 습관적으로 떠넘기기거나 실적도 없이 칼출근

칼퇴근하는 사람이 여기에 속한다. 한때 직장인 성공 처세가 유행하더니 이제는 '월급 루팡', '월급의 노예'로 분위기가 완전히 바뀌어버렸다.

영국의 정신분석가 멜라니 클라인Melanie Klein은 초기 발달 단계 또는 '자리Position' 개념을 소개했다. 내면세계에 자리 잡은 두 가지 경험은 편집-분열과 우울이다. 이분법적 태도로 세계를 바라보는 편집-분열은 자신을 쓸모없는 인간이라고 생각하거나 못할 것이 전혀 없는 사람이라고 생각한다. 이들은 항상 초조하다. 전능감을 상실하면 우울해지지만, 마음을 가라앉히면 상황은 달라진다. 성숙한 시각으로 인생에는 좋은 것이 있으면 나쁜 것도 있고, 타인에게 느끼는 감정은 애증이 교차하며 현실에서 이상 실현의 가능성이 완전히 사라지지 않았음을 깨닫는다. 이렇게 자신에게 생각의 공간을 마련해줄 때 스스로 자아실현의 길을 찾을 수 있다.

'월급루팡'은 현실의 활로가 될 수 없다. 자아실현을 완전히 방치한 채 또 다른 극단으로 몰고 가는 길이다. 이 또한 비극이 아닐 수 없다.

자아가 이상과 현실 사이에서 배회하고 몸부림칠 때 '품위 있는 가난'이나 '월급의 노예'가 대두된다. 끊임없이 자기 내면을 고문하며 "나는 누구인가?", "어디에서 왔는가?", "어디로 가는가?"라는 질문에 답을 찾으려는 몸부림이다.

## 현실은 이상의 시작이며 이상은 미래의 현실이다

모두 인정하겠지만 현실은 불공평하다. 태어나는 순간부터 출발점이 다르다. 아니라고 믿고 싶지만 부정할 수 없는 현실이다. 반면, 현실은 공평하기도 하다. 자신의 노력에 따라 올라갈 수 있다. 자아의 가치를 실현할 수 있으며 원하는 곳을 향해 달려갈 수 있다. 다만 이룰 수 있는 것은 유한한 인생 가운데 어떤 가능성뿐이다. 그런데도 인간의 욕심은 끝이 없어서 피나는 노력으로 일등석에 앉게 되면 곧 자가 비행기나 헬기를 갖고 싶어 한다. 인간의 욕망 분출에는 끝이 없다.

칭화대학의 한 교수는 "교육의 가치는 얼마나 많은 위대한 인물을 가르치느냐에 있지 않고 자신을 깨닫고 받아들여 좋아하는 분야에서 가치 있는 인물이 되도록 하는 데 있다."라고 말했다. 어떤 사람이 되고 싶은가? 어떤 인생을 살고 싶은가? 가장 신경 쓰는 것은 무엇인가? 스스로 물으며 답을 찾을 필요가 있다. 자신을 월급 노예로 만드는 것도 품위 있는 가난에 머무르는 것도 모두 자기의 행동에서 비롯된다. 진정 그것에 만족하는가?

현실은 이상의 시작이며 이상은 미래의 현실이다. 그러나 주체하지 못할 이상은 삶의 혼란을 부른다. 현실이 불안할수록 미래를 꿈꾸며 이상이 이루어졌을 때를 상상한다. 이런 상상의 만족은 내면의 결핍에서 시작되는데 꿈을 이룰 수 없다는 좌절과 불안이 그 요소이다. 만약 한 사람이 경제적으로 열등하면 분명 부자가 되길 갈망한다. 자신의 결핍이 있는 부분이 채워지기를 꿈꾸는 것이다. 어떤 사람은 높은 직위를 얻어 존중받고자 하고 어떤 사람들은 명품을 가진 부러움의 대상이 되려 한다. 인기를 추구하는 사람은 스타가 되고자 한다.

하지만 어떤 사람은 어렸을 때부터 타인의 희망이 되고 기대를 한 몸에 받다가 정작 성공을 거둔 뒤 내면의 공허함을 감추지 못한다. 성공의 출발 자체가 그가 간절히 원하던 것이 아니었기 때문이다.

진정한 이상은 자기 내면의 진실한 바람과 연결된다. 외로움에서 벗어나고 싶은 것인가, 사랑으로 기쁨을 주고받고 싶은가? 자신이 진정한 이상을 설정했다면 타인의 시선에 의지할 필요도 없고 타인의 인정을 받을 필요도 없다. 좋아하는 일을 하며 잠재력을 발휘하는 것만으로도 몸과 마음은 자양분을 얻는다.

이상을 실현하는 데는 경로가 있다. 하나하나의 목표를 실현해 나가는 과정에서 실현 상황에 따라 끊임없이 조정해야 한다. 이상은 모호하고 추상적일 수 있지만, 목표는 구체적이고 확실하며 실현 가능해야 한다. 그래야만 목표를 쌓아가며 종국에는 이상을 실현할 수 있다. 그렇지 않으면 이상은 뿌리 없는 부평초가 되며 공상이 된다.

이상을 향해 가는 과정은 가치 있다. 이상은 자기 삶의 등대로 길을 잃지 않도록 도와준다. 여러 이유로 이상이 실현되지 못하더라도 이상을 품었던 당신 삶의 가치는 훼손되지 않고 그만큼 빛난다. 누구나 이상을 완벽하게 실현할 수는 없다. 발레리나가 되지 못하더라도 유치원 발레 선생님이 되어 미래의 발레리나를 키울 수 있다. 워런 버핏과 함께 커피를 마실 기회는 평생 갖지 못하지만 훌륭한 재무 설계사가 되어 고객에게 "당신은 나의 워런 버핏이에요!"라는 찬사를 들을 수 있다. 이상을 추구하는 길에서 만족과 벅찬 기쁨을 얻고 자신의 가치를 실현해보자.

품위 있는 이상은 황량한 사막의 오아시스요, 어두운 밤에 빛나는 별이다. 영원히 꺼지지 않는 정신의 빛이다.

### '도착'은 기나긴 마음의 길

기회는 간절히 꿈꾸던 위치로 당신을 데려다준다. 한 장의 시험지는 한 청년의 운명을 바꾸기도 한다. 선택의 갈림길에서 어느 쪽을 선택하느냐에 따라 인생의 향방이 달라진다. 하지만 그 어느 것도 인생의 진정한 '종착'은 아니다.

심리 치료사 윌프레드 비온Wilfred Bion은 숫자와 기호로 내면의 발달 과정을 해석하고 변화를 묘사했다. 마음의 성장은 현실에 직면함으로 이루어지며 넘어서고 가로막히기도 하며 커간다는 것이다.

인간 내면의 발달은 별도로 명명되지 않은 원시적 감정에서 시작한다. 이것은 매우 은밀하고 복잡한 것이어서 말로 설명할 수 없다. 갓난아기는 고통을 느끼면 크게 울어버린다. 고통을 울음으로 표출하는 원시적 감각을 어찌 설명할 수 있을까. 다만 우리는 알 수 없는 초조함 앞에서 도망치고 떨쳐버리려 심리를 경험할 뿐이다. 주변에 자기감정을 받아줄 사람이 있거나 그런 환경이 조성되면 새로운 감정을 만들어 부정적 감정의 원인과 상황을 받아들이며 승화시킨다. 그 과정에서 깨달음을 얻는다. 불분명한 감정 상태에서 생활을 반복하며 부정적 요소를 해소하는 경우도 있다.

원시적 감각과 자극이 통제되고 정리되며 감정도 깊이와 질감을 갖는다. 현실과 오가는 접촉에서 만족이 피어나고 '제대로 왔다'라는 내면의 느낌이 든다면 자신이 추구하는 목적에 진정으로 도착한 것이다.

이 복잡한 과정을 커피를 좋아하게 되는 과정과 연결해보자. 대학을 막 졸업하고 멋진 빌딩으로 출근하면 왠지 모를 불안감에 휩싸인다. 이런 불안과 초조함에 저항하기 위해 커피를 마시면 심리적 위안을 얻어 낯선 세상에 녹아드는 느낌을 받는다. 좋은 상사를 만나면 차츰 환경에 익숙해지고 일도 잘하게 된다. 그런데 그때부터 커피에 대한 감정이 복잡해지기 시작한다. 우유에 길들여져 있었던 위가 쓰리고 매일 커피를 사 마시는 것도 경제적으로 부담이다. 커피는 손으로 직접 내려야 제맛이라며 카페에서 사 먹는 커피 맛이 떨어진다고 이야기한다. 이제부터 현실에 직시한다. 마침내 카푸치노와 라떼가 어떤 차이가 있는지 완전히 알게 되었고 속 쓰림의 원인이 커피를 너무 많이 마셨기 때문이라는 것도 알게 된다.

이제 커피를 계속 마셔야 하는지 고민된다. 커피와 관련된 모든 것을 경험하면 그 영향력이나 문제점이 모두 파악된다. 이후의 선택은 자신의 의지에 달려 있다. 이제 커피에 대한 결정권과 주도권을 가지게 되었다는 것이다. 드디어 진정한 자기 삶이 시작되었다.

새로운 세계로 들어가는 것이 어려운 이유는 미지의 영역에서 겪게 될 감정의 과정 때문이다. 자신이 지켜내는 품위는 내면을 수천 번 갈고 닦은 결과이다. 자신과 화해하고 자신을 안 뒤에야 진정으로 도착하는 곳이다.

글쓰기 연습은 하루 이틀에 끝나는 과정이 아니다. 가끔은 맛보기만으로도 위로를 받지만 진정한 성장과 내면의 변화를 얻기 위해서는 오랜 기간 연습하고 효과적인 방법을 활용해야 한다. 여기에서는 글쓰기 연습의 단계적 방법을 알아보자.

### 테마 정하기

테마를 정하는 목적은 계속 결과물을 내고 정리해 내재적 인지와 감정의 통합을 완성하는 것이다. 테마는 직업 선택, 부모와 자녀의 관계, 배우자의 선택 등 현실적인 문제일 수도 있고 어떤 일에 대한 심리 영상, 엉킨 마음, 어떤 사람에 대한 감정의 문제일 수도 있다. 어떤 것이라도 상관없다. 매일 하나의 주제에 결과물을 내는 것이 더 중요하다. 범위를 정하지 않아도 되지만 반드시 일정한 시간의 연속성을 유지해야 한다.

### 정기적 복기

복기는 글쓰기 연습의 단계적 정리이다. 연습 과정을 돌아보는 것이자 자아의 내재적 발달을 돌아보고 종합하는 것이다. 복기할 때 자신의 표현 방식과 내재적 상태의 변화에 관심을 두고 그 인지와 감성 변화의 맥락을 돌아볼 수 있다.

복기는 글쓰기 연습이 한 달, 반 년, 일 년이 되었을 때 하면 좋다. 내면의 변화는 쉽고 빨리 나타나지 않으므로 자주 할 필요는 없다.

### 글쓰기 모임에 참여하기

글쓰기 모임은 글쓰기 연습의 집단 형식이다. 치료 목적의 글쓰기 모임과 비치료 목적의 글쓰기 모임으로 나뉜다. 비치료 목적의 모임은 주요 기능이 상호 교류와 격려이므로 입문자에게 적합하다. 글쓰기를 혼자서는 지속하기 어려우니 모임의 힘에 기대어 글쓰기 습관을 들이면 좋다. 함께 교류하면서 자신감도 얻을 수 있다.

한편 치료 목적의 글쓰기 모임은 비교적 깊숙이 들어가며 개인의 은밀한 부분을 다룬다. 치료 목적의 모임에는 전문성이 요구되며 내면의 세계를 깊이 탐구하려는 욕구가 있고 심리적 상처를 치료하고 싶은 사람에게 적합하다.

### 발췌와 삭제

발췌와 정리는 자신의 글쓰기에 대한 정제 과정이다. 발췌와 정리를 마친 후 글쓰기 기록을 삭제하거나 폐기할 수 있다. 보통 중대한 현실의 변화 전이나 후에 하는데 결혼과 출산, 관계의 이별이나 만남이 그 예이다. 정리의 의미는 내면의 중대한 탈바꿈을 증명하는 데 있다. 그러므로 의식적으로 글의 내용과 작별을 고해야지 충동적으로 진행하면 아쉬움만 남긴다.

Part 3

# 불안 탐구 생활

불안의 씨앗은 발아를 꿈꾸고

불안감이 없다면 인생이 아니다.

코끼리의 과거와 현재를 탐색한다.

# 불안은
# 잠재의식에서 싹튼다

행복한 사람은 일생을 어린 시절에 의해 치유를 받지만, 불행한 사람은 어린 시절을 치유하는 데 일생을 보낸다. 행복한 어린 시절을 보낸 사람은 '그래, 어린 시절은 아름다웠고, 사랑과 행복이 가득했던 그 시간이 내 힘의 원천이야.'라고 미소 짓는다.

**행복한 사람의 특징**

- 따뜻하고 힘을 주는 부모님이 있다.
- 내면에 안정감이 있고 정신적으로 돌아갈 둥지를 쉽게 찾는다.
- 자신의 가치를 믿고 생활에 자신감이 넘친다.
- 낙관적이고 타인을 신뢰한다.

- 자신이 가치 있는 사람이라고 믿는다.
- 합리적인 경계를 정하고 타인과 교류하면서도 혼자 있는 것을 두려워하지 않는다.
- 자신의 감정을 조절할 줄 안다.
- 자신을 귀하게 여기고 자신의 가치를 실현하기 위해 노력한다.

불행한 어린 시절을 보낸 사람은 자주 낙담하며 의기소침해진다. '난 어렸을 때 사랑을 받아본 적이 없어. 혼자서 끝없이 어두운 밤을 견디었어.'라며 어린 시절은 기억하지 않으려 한다. 과거이지만 삶의 연장선에서 어떻게 다른 사람을 사랑할지, 다른 사람의 사랑을 어떻게 대해야 하는지 알지 못한다.

**불행한 사람의 특징**

- 부모와 교류를 두려워하고 어떻게 해서든지 부모를 피하려고 한다.
- 매번 부모와 대화할 때 욱하고 쉽게 화를 낸다.
- 자신과 주변 사람을 잘 믿지 못한다.
- 초조함과 두려움, 수치심, 자책감, 죄책감 등 복잡한 감정을 자주 호소한다.
- 합리적 경계를 정하지 못한다.
- 자신을 부정적으로 평가한다.

- 감정 조절이 어렵고 감정을 억제하지 못한다.
- 스스로 상처를 입히거나 관계를 해치는 행위를 할 수 있다.

행복한 사람과 불행한 사람의 척도에 자신을 맞춰보자. 행복한 사람의 특징이 많다고 자신만만할 일도 아니고, 불행한 사람의 기준이 더 많이 드러난다고 우울해질 일은 아니다. 다만 자신의 생각과 기분, 감정, 행동이 기억도 가물가물한 어린 시절에서 비롯되었음을 깨닫기만 하면 된다. 이미 지나온 시절이므로 자신이 상처 입은 어린아이라고 한탄할 필요가 없다는 말이다. 그렇다면 어떤 어린 시절이 좋은 것인가?

세상에 완벽한 어린 시절은 없다. 행복과 불행 사이에 명쾌한 경계가 존재하지도 않는다. 다만 성장하면서 어린 시절 자신이 갈망하던 것, 혹은 부족했던 것을 채우려 한다. 그 대상도 각양각색이다. 그러므로 우리는 어린 시절의 어떤 모습이 '정상적'인지 묻기보다는 어떻게 해야 '효과적'으로 이용되는지 물어봐야 한다.

### 어린 시절은 인생의 밑그림

어린 시절의 비밀이 밝혀지면 삶에서 다양한 경험을 한 뒤에도 결국 어린 시절의 토양으로 돌아간다는 사실을 알게 된다. 어렸을 때 집에 커다란 책상이 있었다. 나는 혼자 책상 앞에 앉아 창밖으로 지나가는 사람들과 벌어지는 일들을 바라보곤 했다. 창문은 닫혀 있어서 바깥의 소리는 들을 수 없었다. 그래서 무언극을 보는 것 같았다. 나는 그 풍경으로 긴 이야기를 만들어냈다. 작고 여린 내가 아무도 없는 집안에서 홀로 지낸 외로운 시간을 버티는 방법이었다. 나중에 고향을 떠나 공부를 하고 일을 하게 되었고 여러 번 직장을 바꾸었다. 어느 날 베이징의 영화학교에서 각본 수업을 들었는데, 그때 교수님이 이런 말씀을 하셨다. "어린 시절의 이야기를 써보세요. 어린 시절의 기억을 꺼내 보세요. 자신의 어린 시절이야말로 서사의 시작입니다." 그때 깨달았다. 어린 시절의 그 창문과 적막하게 상연되던 이야기의 의미를.

마음 깊이 자리 잡은 어린 시절의 경험은 블랙박스에 숨겨진 비밀과 같다. 알게 모르게 우리의 생각과 행동에 영향을 미치고 생리적, 심리적 경험은 생명의 기초가 된다. 아동기의 감정은 맑고 진실해서 보고 듣고 경험한 것을 이해하는지에 상관없이 모두 잠재의식에 남아서 생명의 밑그림을 그린다. 이를 토대로 우리는 유일무이한 인생의 길을 걷는다.

뇌과학자들은 출생 후 첫해의 기억이 편도체에 남는다는 사실을 밝혀냈다. 구체화되지 않는 비언어적 기억이 새겨지는 것이다. 어린 시절 부모가 격렬히 싸우는 소리를 자주 들었다면 그 긴장된 분위기와 초조함이 기본 정서에 깊은 흔적을 남긴다. 심각한 충돌로 죽음의 문턱에서 살아난 사람은 그때의 상처를 평생 잊지 못한다. 이러한 정서와 신체의 직감은 모두 암묵 기억이 되어 대뇌의 편도체에 저장된다. 암묵 기억 중의 불안과 공포는 어느 순간 은밀하게 드러난다. 상대와 충돌이 일어날 때마다 과장되게 당황하게 되거나 친밀한 관계를 대할 때 감정이 제어되지 않고 사소한 일로 배우자와 싸우게 되는 일 등이다. 그 원인은 마음 깊은 곳에 싸우는 소리가 떠나지 않고 남아 있기 때문이다.

### 누구에게나 헝겊 엄마가 필요하다

어린 시절은 대부분 사랑으로 시작된다. 사랑을 어떻게 정의 내리든 일생에 막대한 영향을 미친다는 사실은 부정할 수 없다. 심리학자의 공통 연구 주제는 '사랑은 무엇인가, 어디에서 사랑을 얻는가, 사랑은 어떤 역할을 하는가'이다.

발달 심리학자 해리 할로우Harry Harlow의 애착 원숭이 실험을 보자. 새끼 원숭이에게 두 엄마를 만들어주었다. 하나는 나무로 골격을 만든 후에 헝겊으로 싸고 가슴에는 젖병을 달았으며 몸

안에 열을 공급하는 전구를 설치했다. 또 다른 '엄마'는 철사로 만들었다. 외형은 '헝겊 엄마'와 비슷하지만 천을 덧씌우지는 않았다. 젖병과 전구는 똑같이 달았다. 심리학자들은 새끼 원숭이가 이 두 '엄마'와 어떻게 애착 관계를 형성하는지 관찰했다. 놀랍게도 새끼 원숭이는 '헝겊 엄마'만을 좋아했다. '철사 엄마'가 똑같이 젖을 주었는데도 말이다. 모든 새끼 원숭이가 '헝겊 엄마' 곁에만 머물렀다. '철사 엄마'의 젖을 먹은 새끼 원숭이도 '헝겊 엄마'의 젖을 먹은 원숭이도 두려움이 닥쳤을 때는 모두 '헝겊 엄마'에게 달려갔다. '헝겊 엄마'나 '철사 엄마'에게 우유를 먹는 양은 비슷했으며 체중의 증가 속도도 비슷했다. 하지만 '철사 엄마'의 젖을 먹은 새끼 원숭이는 소화를 잘 시키지 못하고 설사를 자주 했다. 이는 '헝겊 엄마'의 따뜻함과 부드러운 촉감이 새끼 원숭이의 심리 상태에 큰 영향을 미쳤음을 설명한다.

젖을 뗀 새끼 원숭이들을 30일 동안 엄마 원숭이와 분리했다. 며칠 뒤 '헝겊 엄마'와 만나게 했을 때 새끼 원숭이들은 달려가 그의 몸에 매달리고 꼭 끌어안았으며 자신의 머리와 뺨을 비볐다. 새끼 원숭이들은 예전처럼 방안의 다른 물건들을 탐색하지 않고 '헝겊 원숭이' 곁에 꼭 붙어 있었다. 안전 욕구가 탐색 욕구보다 강하게 작용했다는 것을 알 수 있다. 새끼 원숭이들은 다시 버려질까 두려워하는 아이들 같았다.

우리의 어린 시절이 이와 비슷하다. 아이에게 '엄마'는 따뜻하고 안정감을 주며 자상하고 안정적이다. 지지와 애정을 받으며 감정이 풍요로워진다. 하지만 '철사 엄마' 같은 환경에서 자란다면 먹을 것을 주고 공부하게 해주지만 결코 따뜻함을 느끼지 못할 것이다. 그러나 이들도 어렸을 때는 엄마 곁을 떠나기는 두려워한다. 하지만 성장한 뒤에는 자신의 어린 시절을 잊고 싶어 한다. 과거를 묻어버리려는 사람도 있다.

누구나 따뜻한 엄마를 찾는 것은 본성이다. 사랑의 갈망과 애정의 갈구는 원초적 욕구이다. 이를 근거로 본다면 버려지고 분리되는 두려움과 완벽하지 못한 두려움, 상실의 두려움처럼 초조함과 공포심 뒤에는 사랑의 결핍이 존재한다.

### 애착 관계

심리학자들은 원숭이 실험에서 얻은 결론을 근거로 엄마와 아기의 상호작용을 관찰했다. 그리고 서로 다른 형태의 세 가지 애착 관계를 발견했다.

### 안정된 애착Secure Attachment

안정된 애착이 형성된 영아는 두 가지 능력을 지닌다. 안정감을 느낄 때 충동에 따라 주변의 환경을 탐색하는 능력과 불안을 느낄 때 엄마에게 다가가 위안을 받는 능력이다. 안정된 애착을 형성한 영아는 분리되더라도 다시 엄마를 만나면 즉시 위안을 얻는다. 이러한 유연성과 탄력성은 엄마와의 상호작용으로 얻는다. 안정된 애착이 형성된 영아 곁에는 '민감'한 엄마가 있어 아이가 보내는 신호와 교류에 적절하게 반응한다. 아이가 울면 따스한 손길로 안아준다. 엄마는 아이와 자신의 리듬을 잘 결합해 거부보다는 수용을 택하고 통제보다는 협력을 추구한다.

**회피적 애착**Avoidant Attachment

회피적 애착이 형성된 영아는 낯선 환경에서도 이상할 정도로 '침착'하다. 엄마와 분리되거나 다시 돌아올 때도 아무런 반응을 보이지 않는다. 주변 환경만 탐색할 뿐이다. 고통에 대한 표현이 현저히 부족한 모습을 보이는데 자칫 평온한 것으로 잘못 이해되기 쉽다. 실제로 엄마와 분리될 때 회피형 애착을 보이는 영아의 심박수는 빨라졌다. 스트레스에 대항하는 코르티솔 수준은 실험 과정 전후로 안정된 애착의 영아보다 월등히 높았다. 이는 초조함의 강도가 높다는 것을 말해준다. 그러므로 회피적 애착의 영아가 보이는 표면적 냉담은 방어기제이다. 연구 결과 회피적 애착의 아기 엄마는 영아가 원하는 요구를 적극적으로 거부하였던 것으로 밝혀졌다. 아이들이 슬퍼 보일 때 움츠리는 행동을 보이고 감정 표현을 억제하고 신체 접촉에 혐오감을 드러내며 접촉이 일어났을 때 거친 모습을 보였다.

**양가적 애착**Ambivalent Attachment

양가적 애착은 두 가지로 분류된다. 하나는 화를 내는 태도이고 다른 하나는 수동적 태도이다. 이 두 부류의 영아는 엄마가 어디에 있는지에 너무 집착한 나머지 자유롭게 탐색하지 못한다. 엄마가 자리를 떠나면 큰 슬픔을 드러내는데 다시 만나면 첫 번째 유형의 영아는 연결과 거부 사이에서 왔다 갔다 한다. 엄마의 위로를 얻고 싶어 하다가도 엄마의 품을 필사적으로 벗어나려고 한다. 또 성질을 잘 부린다. 이와 반대로 수동형 영아는 엄마에게 다가갈 수 없을 정도로 겁을 먹거나 은근히 엄마에게 위안을 구한다. 양가적 애착의 아기에게 불편한 재회는 슬픔을 달래줄 수도 없고 걱정을 떨쳐버리게 할 수도 없다. 엄마가 곁에 있을 때도 없는 엄마를 계속 찾는 듯 행동한다. 양가적 영아의 엄마는 아기의 말이나 신체적 거부를 보이지는 않지만, 아기가 보내는 신호에 민감하게 반응하지 않는다. 아이의 반응에 혼란스러워하며 앞뒤가 맞지 않는 행동을 보인다. 또한, 자신과 아기의 경계를 제대로 세우지 못해 아이의 독립적인 발달을 저해한다. 엄마의 내적 심리가 매우 불안정하기 때문이다.

엄마가 아기에게 주는 정서적 반응이 예측 불가능하기에 양가적 영아는 혼란스럽고 모순적인 방식을 선택하여 자신의 애착 욕구를 표현할 수밖에 없다. 보살핌을 얻기 위해 엄마에게 계속 압력을 행사하는 것이다.

안정된 애착을 형성한 사람은 두려움과 곤경에 쉽게 빠지지 않는다. 인간관계를 편안하고 친밀한 경험으로 발전시킨다. 하지만 회피적 애착과 양가적 애착을 형성한 사람은 내면 깊은 곳에 불안을 잠재우고 있어 평생 자신을 치유해야 한다.

### 사랑 때문에 생긴 불안감

불안은 위험 또는 위협으로 생긴 긴장, 초조, 걱정 등 복잡한 감정 상태를 말한다. 불안의 객관적 목적은 신속하게 자원을 동원하여 악화되는 것을 효과적으로 방지하고 더 나은 방향으로 발전하도록 하는 데 있다. 이런 면에서 보면 불안은 긍정적 의미로 해석된다.

### 외부의 현실에서 오는 불안감

불안은 현실의 위협과 함께 제어할 수 없는 외부 사건 또는 상황에 직면했을 때 나타나는 반응이다. 현실적 불안은 불안의 강도와 현실 위협의 정도가 일치하여 현실의 위협이 사라지면 같이 사라진다. 예를 들어 시험에 대한 불안을 보자. 이는 전형적인 현실적 불안감으로 중요한 시험일수록 부담은 커진다. 시험이 끝나면 불안이 사라져서 후련함을 느낀다. 그러므로 신체의 잠재력과 자원을 동원하여 대처하고 통제감을 조절하면 효과적으로 문제를 해결할 수 있다.

**내면의 세계에서 오는 불안감**

정신분석은 '객체'와 '주체'라는 용어로 인간의 내면과 외부 세계를 연구한다. 외재적 객체는 실재하는 사람, 물건, 장소를 가리킨다. 내재적 객체는 객체와 관련된 영상, 생각, 환상, 감각과 기억을 말한다. 주체는 객체에 대응되는 개념으로 자아에 내재하고 있는 영상, 생각, 감각, 환상이다.

객체 관계란 '객체'와 '주체'의 관계다. 어린 시절 객체 관계는 나와 부모, 커서는 동료와의 관계, 부모와 자식 간의 관계, 사업의 관계로 변한다. 이렇게 자신이 경험한 모든 관계에서 마음에 저장된 최초의 사랑을 반영한다. 만약 이러한 경험과 기억이 안정적이고 편안하면 사회나 타인과의 관계는 조화로울 것이다. 하지만 초기의 경험에 문제가 있다면 끊임없이 위험과 위협을 느끼고 긴장감과 불안감, 걱정에 파묻혀 초조함이 현실 문제로 촉발된다. 구체적인 원인 없는 긴장과 불안, 아무 근거 없는 종말에 대한 두려움 또는 큰 화가 일어날 것만 같은 불안은 사랑의 기반이 튼튼하지 못한 데서 온다. 사랑은 주는 만큼 받으면 마음의 안정을 얻지만 받지 못하면 불안이 생긴다.

## 인생 시나리오의 각색

개인의 신념은 자신과 타인, 사회에 대해 가지는 관점이다. 나는 가치가 있는가? 사랑을 받을 만한가? 타인은 믿을 만한가? 우리를 도와주고 지지해줄 수 있는가? 세계는 우호적인가? 모든 문제에는 해결 방법이 있는가? 이러한 물음이 핵심 신념으로 자리 잡는다.

핵심 신념은 어릴 때 형성된다. 하얀 종이 같은 마음에 새겨진 맨 처음 기록이 토대가 되어 자신만의 생각을 확립해 나간다. 긍정적이든 부정적이든 신념을 유지하고 공고히 하려는 의지도 보인다. 외부의 정보, 사건과 상황에 선택적 관심을 보이는 이유가 핵심 신념에 있다. 개체는 자기도 모르게 핵심 신념과 일치되는 정보에 집중하고 그렇지 않은 정보는 무시한다. 만약 핵심 신념과 일치하지 않은 정보를 무시하지 않으면 왜곡, 부인, 거부로 이어진다.

핵심 신념에 부합하는 정보는 기억에 저장되고 오랫동안 보관

된다. 그렇게 오랜 시간이 지나면 개인의 독특한 경험 구조가 형성된다. 인지심리학은 이를 스키마Schema라고 부른다. 스키마는 세상이 뒤바뀔 정도의 영향력이 아니면 바뀌지 않는다.

과도하게 보호받은 아이는 은연중에 '나는 약하다'라는 핵심 신념이 생긴다. 자신이 약하다는 사실을 증명하는 사건은 잘 기억하면서, 능력이 발휘된 사건은 기억에서 소외된다. 실제로 잘해낸 일도 믿지 못하고 그저 운으로만 치부한다. 이렇게 핵심 신념은 지휘봉같이 우리를 지휘한다. 우리가 보는 세계의 모습을 결정하고 타인의 반응을 해독한다.

사람의 변화는 결국 사고방식의 변화로 귀결된다. 핵심 신념에 변화가 발생하면 세계를 바라보고 문제를 생각하는 방식 역시 변한다. 이는 내면의 시나리오를 수정하고 인생을 다시 쓰는 것과 같다. 하지만 이미 형성된 핵심 신념은 쉽게 변하지 않는다. 석자 얼음이 하룻밤 추위에 언 것도 아닌데 어떻게 단번에 이룰 수 있겠는가? 모든 깨달음은 수많은 산을 넘고 강을 건너야 얻을 수 있다.

### 잃어버린 나를 찾아서

누군가 당신에게 레몬을 준다면 어떻게 하겠는가? 편으로 썰어서 즙을 짜 마시기 좋은 음료수를 만들 것인가? 아니면 레몬 껍질을 벗겨 레몬 조미료로 만들거나 비스킷을 만들 것인가? 레몬 씨앗을 심어 레몬 과수원으로 가꿀 수도 있다. 잘 말린 레몬 껍질을 망에 담아 차나 옷장 서랍의 방향제로 쓸 수도 있다. 어떤 사람에게 레몬은 그림을 그리거나 사진을 찍을 대상이 되어 훌륭한 작품을 기대하게 할 수도 있다. 레몬의 여러 가지 새로운 용도를 연구하고 개발할 수도 있다. 그냥 먹지 못하는 레몬의 특성을 이용해 활용방법을 고안하는 것이다. 불행한 유년 시절은 생명이 준 레몬과 같다. 그러므로 언제든지 자신만의 방식으로 운명과 화해를 꾀해야 한다.

### 환상을 버리고 밖에 기대지 마라

우리는 자신이 원하는 방향으로 변화가 흘러가기를 갈망한다. 하지만 세상은 자신이 계획한 방향으로 진행되지 않는다. 기대와 환상 자체를 버려야 한다. 그런데도 환상을 버리기는 쉽지 않다. 특히 사랑에 대한 기대는 생활의 곳곳에 뻗어 있다. 상사가 자신이 원하는 방식대로 대해주기를, 세계가 공평하고 질서정연하게 변하길 항상 소망한다. 그러나 전혀 다른 현실을 직면하면 자신을 경시하고 평가절하하고 혐오한다. 괴로움에 빠져 왜 그들은 변하지 않을까? 왜 세상은 이렇게 공평하지 않을까? 이렇게 번민하고 또 번민한다. 여기서 '왜'는 자기 환상의 결과다.

먼저 환상을 버려야 한다. 자신이 다른 사람을 어떻게 통제하고, 실현 불가능한 사랑을 좇고, 관계에서 같은 방식을 반복하며 이탈하고 갈등을 부추기는지 알아야 한다. 철저하게 과거를 버려야만 다시 시작할 수 있다.

### 충분히 강해지기 전에는 적당한 거리를 두어라

부모와의 관계에서 어려움을 겪는 사람은 혼자 있을 때는 변한다. 부모와의 관계로 돌아가면 원래의 패턴으로 돌아간다. 이들은 자신이 충분히 강해지기까지 부모와 심리적 경계를 분명히 할 필요가 있다. 독립하거나 상호 교류의 시간을 제한하거나 줄이는 등 물리적 공간을 분리하는 방법을 사용해도 좋다. 분리가 여의치 않다면 전과 다른 행동 반응을 보이도록 스스로 노력해야 한다. 자신이 강해지고 성숙해진 후 조화롭게 함께 사는 법을 찾으면 된다. 다만 울며 소리 지르고 질책하고 폄훼하고 헐뜯는 극단적인 방법은 피해야 한다. 자신의 부족함과 실패를 자인하는 꼴이다. 이러한 것들은 오히려 감정만 더 상하게 할 뿐이다.

**자신을 돌보고 자신의 성장을 표시하라**

자신을 사랑하기란 말처럼 쉽지 않다. 인내심을 가지고 자신의 가장 든든한 지지자가 되어야 한다. 그렇다고 당장 가시적 변화가 나타나는 것은 아니다. 모든 발전에는 힘겨운 노력이 필요하며 그 과정은 더디다. 내재된 자원과 능력을 동원해 자신의 발전을 축하하고 안아주며 한 걸음 한 걸음의 성장을 표시해야 한다. 이 과정에서 부정적 정서와 공존하는 법을 배운다. 척박한 땅에 서식하는 식물이 생존하는 이유는 공기 중의 수분을 맹렬하게 흡수하고 뿌리를 더 깊이 내리기 때문이다. 그와 같이 우리도 자신의 발전을 위해 이용할 수 있는 모든 자원을 찾아내야 한다.

글쓰기로 근본적인 자신과 연결해보자.

**주관적 감정**

"나는 한 마리(동물)의…."나 "나는 한 그루(식물)의…."를 제목으로 글쓰기를 할 수 있다. 자신의 모습, 특징, 생활환경, 생존 방식과 관련된 모든 것을 상상해야 한다. 이는 자신의 이미지와 관계되는데 무의식 상태에서 자신을 이해하게 돕는다. 이로써 삶의 가장 독특하고 중요한 가능성에 가까워질 수 있다.

**상처받은 어린 나에게 쓰라**

자유 글쓰기, 오감 글쓰기, 인칭 전환, 편지 쓰기 등 그동안 배운 모든 방법을 활용해보자. 자신의 어린 시절을 쓰고 큰 영향을 미친 사건의 의미를 찾고 다시 이해하게 된다. 매일 비슷하고 같은 이야기만 반복된다고 염려할 필요는 없다. 자신을 질책할 필요도 없다(나이가 몇인데 왜 아직 부모님을 용서하지 못할까? 정말 불효자야). 만약 이해할 수 없고 상식에 벗어났거나 연결되지 않는 기억이 있다면 그 시점에 상처가 존재할 가능성이 크다. 시간과 공간의 기억이 선명하고 연결된다면 지난 일에 대해 강렬한 부정적 정서가 사라졌다는 의미이다. 그 과정에서 얻은 의미와 깨달음으로 이미 내면의 정리가 끝난 것이다.

### 어린 시절 아름다웠던 추억을 써라

어린 시절 아름다웠던 추억, 따뜻한 장면, 잊히지 않는 사람을 찾는 것은 중요한 연습이다. 여기에 자신의 바람이나 소망, 사명과 관련되어 엄청난 자원과 에너지가 숨어 있을 수 있다. 글을 쓰면서 이를 마음 깊이 새기고 감사하게 된다. 아름다운 추억은 긍정적인 경험에 대한 기억을 증가시켜준다. 내면의 긍정적인 핵심 신념을 확고히 하는 데 도움이 되며 생명에 대한 확신을 갖게 한다.

아름다운 추억을 쓸 때는 진실한 마음으로 써야 한다. 단지 글쓰기를 마치기 위해서 허구를 지어내거나 과장하는 것은 옳지 않다. 맨 처음이 어떻게 시작됐는지 생각나지 않는다고 해도 서두를 필요 없다. 현재에서 가까운 시점부터 먼지투성이의 마음의 문을 열어본 후 천천히 더 먼 어린 시절로 들어갈 수 있다. 아름다운 추억은 가장 부드러운 목소리는 근원적인 자신과 연결시켜준다.

# 거침없이 화해하고
# 독립하자

저명한 심리상담사가 상담을 바탕으로 쓴 책 《왜 가족이 힘들게 할까》는 대중에게 '원가족'이라는 개념을 알려주었다. 이 책은 원가족이 우리에게 상처를 줄 수 있고, 부모가 우리에게 괴로움을 주는 장본인이 될 수 있다는 내용을 담고 있다. 이후 원가족을 소재로 한 TV 드라마가 방영되기 시작했다. 〈환락송歡樂頌〉을 시작으로 〈도정호都挺好 : 가족의 재발견〉에서 원가족의 문제를 집중적으로 다루었다. 이 드라마는 남존여비 사상을 비판하고 원가족의 굴레를 벗어나지 못하는 딸의 상처를 이야기 하고 있다. 전통적 가치와 문화를 지닌 원가족이 우리에게 상처를 주고 괴로움을 주는 원인이 될 수 있음을 보여준다.

'원가족'은 서양 사회학에서 출발했다. 미혼 자녀와 부모가 형성한 가정을 원가족이라고 부른다. 자녀가 결혼하여 새로 형성하는 가정을 형성가족 또는 생식가족이라고 한다. 여기에 부부의 부모는 포함되지 않는다.

서양의 문화에서는 원가족과 형성가족 간 경계가 분명하다. 하지만 중국이나 한국에서는 원가족과 형성가족의 경계를 분명히 하기가 어렵다. 전통적으로 '대가족'을 강조해온 문화이기 때문이다. 현재까지도 삼대가 모여 살거나 심지어 사대가 함께 사는 가정이 여전히 존재한다. 비율상 '핵가족'이 훨씬 높지만 여전히 많은 젊은 부부는 아이를 돌보고 살림을 하는 데 부모의 도움을 받는다. 부부 중 한쪽의 부모와 함께 사는 가정이 많고 현실적 여건으로 원가족에서 분리되지 못한 채 살아가는 가정이 많다.

'원가족' 자체는 중성적 가정의 형태를 의미한다. 하지만 최근 '감정적'으로 변하고 있으며 심지어 부정적으로 쓰이기도 한다. '원가족' 개념 자체를 싫어하고 '불쾌'하게 여기거나 두려움을 갖는 사람도 있다. 부모가 맹수라도 되는 양 도망치고 싶어 한다면 문제 아닌가.

### 원가족, 왜 이슈가 되었나

원가족은 어쩌다 괴물이 되었을까? 개인의 책임이 절대 아니다. 집단적 무의식의 발로이자 선택이다. 목소리를 내는 사람은 단지 대변자일 뿐이다.

### 원가족은 불안의 출구

시대가 변하면서 가족관, 혼인관, 교육관이 바뀌었다. 사회 문화도 그렇지만 개인의 정신세계가 요동쳤다. 자신을 덮치는 불안과 스트레스를 해소하기 위해 출구를 찾아야 했다. 이에 원가족의 구성원은 희생양이 되었다. 자신의 불만과 불확실한 미래에 대한 두려움을 부모에게 화살을 돌리며 상처 입히고 어디에도 둘 곳 없었던 호르몬을 방출한다.

### 원가족은 세대 갈등의 출구

도시화가 진행되면서 세대 간의 갈등이 뚜렷해지고 있다. 한 지붕 아래 생활 방식과 가치관의 차이가 있는 두 세대가 함께 사니 충돌이 끊이지 않는다. 원래는 몇 세대에 걸쳐 이루어져야 할 물질문명과 정신문명의 발전이 두 세대 사이를 벌리고 있는 셈이다.

### 원가족은 트라우마의 출구

가정에서 지지를 받지 못하면 상처받은 외톨이가 된다. 자기 스트레스를 감당하지 못해 원가족을 비판하고 자신에게 준 심리적 문제를 "모두 네 탓이야!"라고 귀결시킨다. 불안감에 대항하는 출구로 사용하는 것이다. 자신이 겪는 가치관의 충돌, 감정의 단절, 부모 세대의 양육 방식, 페미니즘의 대두, 새로운 가족관계 모델의 출구 찾기, 미래에 대한 불확실성과 무의미에서 탈출하려는 의도이다.

### 부모님에 대한 원망을 표현해야 할까

영화 〈스프링타이드Spring Tide〉에는 서로를 괴롭히면서도 헤어지지 못하는 모녀가 등장한다. 어머니는 딸을 자기 인생을 망친 남자의 핏줄이라 생각한다. 이에 딸은 일부러 자신의 삶을 망쳐서 어머니에게 복수하려 한다. 이 관계가 서로에게 힘을 줄 리 없다. 감정에 얽히고설킨 부모와 자식은 서로의 속마음을 읽어내지 못한다. 딸은 자신을 망치는 것으로 마음에서 엄마를 죽이려 한다. 소극적으로 '원망'을 표시하는 전형적인 방식이다.

안타깝지만 분명 '독을 품은' 가족이 있다. 부모에게 한이 맺힌 사람이 존재하며 고통도 실재한다. 그러나 '이'에 '이'로 대응하는 방법은 옳지 않다. 어느 가족이든 모두 고락苦樂이 있고 부모와의 관계는 애정과 미움이 있다. 다만 경중이 다를 뿐이다. 그러기에 자신에게 쌓인 '원망'을 어떻게 처리하고 표현하는지가 더 중요하다.

'원망'은 부정적인 감정의 축적이다. 부모의 무시하는 말이나 불공평한 대우에 자존심 상한 부분이 있거나 제대로 보살핌을 받지 못한 것도 마음에 담아둘 수 있다. 부모에게는 별로 개의치 않은 말과 행동이 자녀에게는 '상처'가 되고 '원망'으로 남는다. 이런 원망을 적절한 방식으로 표출하고 표현해야 해소될 수 있다. 부모와 허심탄회하게 이야기할 기회가 있다면 더없이 좋겠지만 다른 방법을 활용해도 된다. 친구에게 터놓는다거나 글로 쓰거나 상담을 받아도 좋다. 자식을 낳아보면 비로소 부모의 어려움을 깨닫는다. 자신의 위치가 바뀌어 새로운 깨달음을 얻으면서 그동안 가졌던 원망이 자연스레 풀어지기도 한다.

'원망'의 이면에 자신의 책임 회피가 있는지 경계하자. "부모가 좋은 환경을 조성해주지 않아서 성공하지 못한 거야.", "부모가 항상 싸우니 우리 사이가 안 좋은 거야."와 같이 원인을 부모에게 돌리면 원망만 키울 뿐이다. 문제를 모두 부모에게 돌리면 오히려 스스로 책임지는 능력을 상실한다. 이러한 상황이 되면 자원과 기회를 보지 못하고 앞으로 나아갈 동력을 잃어버린다.

지금 처해 있는 문제를 개선하고 발전시켜보자. 뒤엉킨 원망의 이면에는 기대가 숨어 있다. 다시 부모님이 자신을 알아주고 이해하고 사과할 것이라는 기대, 나아가 부모님이 자신이 상상하는 모습대로 변할 것이라는 기대이다. 하지만 시간은 거꾸로 흐르지 않는다. 부모님은 절대 자신이 꿈꾸는 모습으로 변하지 않는다.

### 원가족과 분리해야 할까

독립해 살다가 부모와 함께 살게 된 청년들이 있다. 예전에 함께 살 때는 부모와 충돌 없이 화목하게 지냈지만, 다시 함께 살게 되면서는 수많은 갈등이 폭발한다. 서로의 마음도 이상하게 초조해진다. 각자 어렵게 만든 습관이 깨져버리고 생활 방식에 맞추기 어렵다. 심리상담으로 상태가 호전된 청소년들이 집에 돌아가 부모와 교류하면 원래의 증상과 정서적 문제가 다시 나타나는 것과 같다.

부모와 갈등이 심화될 때 '분리'되면 문제가 해결된다고 믿는다. 이것이 그토록 '분리'를 외치는 이유이다. 당연히 물리적 공간의 분리가 갈등을 피하는 데 도움이 된다. 하지만 공간의 분리로 근본적인 문제가 해결될 수 없다. 도피이자 회피일 뿐이다.

궁극적인 문제의 원인과 해결 방법을 찾지 못하면 다른 관계에서도 유사한 문제가 발생한다. 상사나 동료, 친구나 연인 등 모든 관계에 불협화음이 생긴다. 불편한 상황이 발생하지 않게 하는 것이 자아 성장이다. 분리는 성장에 따른 부수적 조치여야 한다.

영국의 심리학자 클레어는 “사랑은 함께하는 것을 최종 목적으로 하지만 오직 부모와 자녀와의 사랑만이 분리를 목적으로 한다.”라고 했다. 양육 과정은 하나의 개체를 생리적, 정신적으로 독립시키는 과정이다. 공간의 분리뿐 아니라 심리적 독립까지 해당한다. 단칼에 무 자르듯 이루어지지 않으며 부모와 자식이 한 단계 한 단계 성장하며 이루어낸다. 좋은 양육은 자녀를 부모의 복제품으로 만들어 부모의 그림자가 되게 하는 것이 아니라, 자녀에게 자신의 세계와 생활을 구축하고 사랑하는 법을 가르쳐 자녀가 자신만의 방식으로 분리를 완성하도록 돕는 것이다.

분리는 새로운 장을 여는 것이고 성장은 변화를 일으키는 물살이다. 결국, 분리는 자신이 원하지 않아도 따라온다. 환경의 물리적, 공간적 단절이 심리적 성숙에서 완충 작용을 한다. 진정한 내면의 분리는 자아의 성장으로만 실현할 수 있다. 성장의 궁극적인 목적은 분리가 아니다. 새로운 방식을 활용하여 주변 사람과 세상을 용감하게 사랑하기 위한 것이다.

### 원가족과 화해해야 할까

화해는 자신의 경험에서 반성과 깨달음이 우러나야 한다. 부모와의 화해도 마찬가지다. 우리는 가장 가까이서 부모를 보았지만 내면까지 안다고 할 수는 없다. 어릴 때 본 부모는 이해되지 않는 부분도 있다. 그만큼 우리는 경험이 부족했고 사람을 이해할 수 있는 폭이 좁았다.

"나의 최초의 기억에서부터 엄마는 아줌마였어. 그래서 우리는 엄마도 한때 꽃다운 소녀였던 적이 있다는 사실을 잊은 거야."

어느 영화의 대사처럼 자녀는 부모의 인생 절반은 보지 못했다. 그들의 성장 과정이나 배경에 대해서 아는 것도 거의 없다. 그저 부모님이 '이런 사람'이라는 것만 알고 '왜 이런 사람이 되었는지', '왜 우리를 이렇게 대하는지'는 모른 채 살아간다. 이쯤에서 돌이켜 보면 부모 역시 평범한 아이였고 그들이 구현해내는 사랑 또한 부모의 부모가 양육한 방식을 계속 발달시켜 온 것이다.

영화 〈대지진唐山大地震〉을 보면, 역사상 가장 끔찍했던 당산唐山 대지진에서 두 아이가 무너진 건물에 갇힌다. 두 아이 중 한 명만을 구해야 하는 운명의 선택 앞에 어머니는 결국 아들의 목숨을 선택하고 딸은 스스로 죽음을 견뎌낸다. 그 후 어머니는 매일 내적 고통을 겪는다. 그런데 죽은 줄로만 알았던 딸이 살아남아 자신을 '버린' 어머니를 원망한다. 그녀는 어머니를 용서할 수 없었다. 몇 년이 흘러 또다시 지진이 발생했을 때, 딸은 망설이지 않고 자원봉사자로 지진 발생 지역을 찾아간다. 이것은 자신의 과거를 용감하게 마주하는 것이다. 구조대원으로서 재난 속에 빠진 인간 본성의 몸부림을 보았고 재난 속 인간 본성의 사랑을 보았다. 결국, 어머니는 딸에게 사과하며 무릎을 꿇는다. 어머니의 사과는 상처받은 그녀의 내면에 존재하는 고집스러운 갈망이었다. 서로 불편하지만 진정한 사과와 화해였다고 본다. 상대를 충분히 이해할 수 있을 때 가능한 일이다.

우리는 자신의 운명과 화해해야 한다. 자신을 과거에서 해방시키려면 분명 고통에 대한 기억, 애증이 교차하는 원한을 반복적으로 겪어야 한다. 겹겹의 장애물을 통과해 상처받은 아이를 끌어안고 '피해자'의 위치에서 내려와야 완성된다. 원가족과 화해하는 길은 자기 마음과 화해하는 길이다. 아무리 힘들어도 결국 자신이 해내야 할 일이다.

## 스스로 하는 글쓰기 연습_**가족과의 연결**

원가족과 관계는 자기를 둘러싼 관계의 축소판이다. 원가족과 관계를 전환하는 지혜에 인생의 모든 가능성이 숨어 있다. 원가족이 나에게 미친 영향, 부모와의 연결을 글을 쓰며 자세히 들여다보자.

**부모님의 초상화**

부모님과 관련된 모든 것을 진지하게 써보자. 그들은 어떤 사람인가? 무엇을 좋아하고 무엇을 아쉬워하는가? 그들은 어떻게 자랐으며, 어떤 경험이 있는가? 부모님도 부모가 되기 전에 아이였고, 소년이었고 어리석은 젊은 날이 있었다는 사실을 잊지 마라. 그들도 당신과 마찬가지로 원가족이 있었다. 부모를 무턱대고 무조건 좋게 또는 무조건 나쁘게 평가하지 말자. 깊이 이해하는 것이 성숙으로 가는 지름길이다.

**부모가 자신에게 미치는 영향을 선명하게**

얼굴 생김새나 체격에서부터 언어와 행동까지, 부모와 무엇이 닮았는가? 유전자는 생명의 위대한 힘으로 부모와 연결되어 있다는 증거이다. 부모의 성격에는 어떤 특징이 있는가? 그들은 스트레스를 받을 때 어떻게 하는가? 어떤 인생관과 처세 태도를 지니고 있는가? 이 중 은연중에 당신의 성격에 드러나는 것은 무엇인가? 이 모든 것을 당신이 좋아하든 그렇지 않든, 인정하든 그렇지 않든 모두 당신의 인생에 지대한 영향을 미친다. 이 모든 것을 분명하게 바라본 후에야 자신의 길을 갈 수 있다.

#### 가계도와 가족 이야기

가계도를 그리면 삼대 이내의 친척까지 이해할 수 있다. 호기심을 갖고 가족 사이에서 있었던 중요한 이야기를 탐색해보고 잊힌 조상을 찾아보자. 가계도에는 자신의 운명에 영향을 주는 많은 원동력이 숨겨져 있다. 가족의 이야기를 글로 쓸 수 있으며 가족 중 한 사람을 골라 편지를 쓸 수도 있다. 몸과 마음이 오랜 기억과 만나게 하는 것이 인생의 중요한 세례洗禮가 될 것이다.

# 나를 위한
# 가정은 없다

중국의 심리학 플랫폼 이신리와 언론 런민왕은 팬데믹 동안 대중의 심리를 파악하기 위해 설문조사를 했다. 기혼 출산, 기혼 미출산, 미혼, 연애 중인 사람들의 정서를 비교한 것이다. 설문 결과 부정적인 정서는 연애 중인 사람이 가장 높게 나타났다. 기혼 출산자는 자기 평가 점수에서 가장 낮았지만 심리 상태는 가장 안정적으로 나타났다.

위기의 시기에 가정은 중요한 정서적 가치를 제공한다. 하지만 현대 가정은 이미 우리에게 익숙한 '모습'에서 점점 멀어져 가고 있고 알게 모르게 다양한 가능성이 생겨나고 있다.

중국의 성인 미혼자 중 1인 가구 비율은 30%를 넘는다. 1인 경제, 1인 소비 패턴은 새로운 마케팅의 대상이다. 이는 세계적인 현상이기도 하다. 영국 〈더 타임스〉는 동거하지 않으면서 친밀한 관계를 원하는 미혼 혹은 기혼 남녀인 LAT[Living Apart Together]족을 소개했다. LAT족의 형태는 북유럽에서 가장 먼저 생겨났다. 캐나다에서는 25세~64세 성인 중 150만 명이 LAT족이다. 중국의 〈2020 '허우랑[後浪](90년대, 00년대생-역주)' 결혼관 보고서〉에 따르면, 54%의 사람이 반려자와 떨어져서 살거나 잠을 따로 자도 감정에 영향을 미치지 않는다고 응답했다. '연애하되 같이 살지 않고, 결혼하되 같은 침대를 쓰지 않는' 방식이다.

### 나 혼자 산다

사회가 빠른 속도로 발전하고 자의식이 고취되면서 자발적으로 비혼을 선택하는 사람들이 늘고 있다. 이는 저출산이라는 사회 문제로 이어진다.

1인 가구가 늘고 있다. 최소한의 경제력을 갖추고 사회보장이 뒷받침되는 사회에서 더 쉽게 실현되고 있다. 많은 사람이 혼자 생활하는 비용을 기꺼이 부담하며 편리한 사회보장시스템으로 타인에게 의존하지 않아도 된다. 자신이 추구하는 '자유'로운 삶에 부합하도록 스스로 시간과 공간의 통제권을 사용한다. 자유의 추구는 오직 자신의 이름으로 사회 교류와 협력을 일구는 것이기에 성취감도 크다. 2016년 조사에 따르면 36.8%의 독신 여성이 행복하다고 느꼈다. 물론 사회 서비스를 과도하게 이용하여 노동력이 퇴화하는 문제가 나타나고, 정신적으로 고독해지고 생활 리듬이 깨지는 경우도 많다. 하지만 이러한 문제는 '자유'와 삶의 질 향상이라는 큰 그림에서 보면 그다지 중요하지 않다.

### 더 이상 쓸모없는 진도표

일률적인 인생 진도표가 사회에서 암묵적으로 시행된 적이 있다. 여성의 경우 20대 중반에 결혼하고 출산한 뒤 30대에 학부모가 되는 것, 남성의 경우 30세 즈음에 결혼한 뒤 40대에 직장에서 승진하여 50대 초반에 최고의 위치에 올라야 한다는 내용의 진도표이다. 하지만 시대가 변하면서 일률적인 진도는 깨졌다.

사람의 성장 과정도 더 섬세하고 길어졌다. 남자든 여자든 졸업하고 취업을 할 즈음이면 과거 가장 이상적이라던 결혼 적령기를 훌쩍 넘어서게 된다. 취업이나 창업을 준비해 안정기에 들어서면 어느 순간 30대가 훌쩍 넘는다. 전통적인 진도표에 연연하는 부모들은 결혼을 재촉하는 반면, 자녀들은 자신의 목표나 성공을 위해 노력한다. 남는 시간에 취미를 즐기며 온전히 삶을 즐기려 한다. 그들은 가족을 구성하고 가정을 만드는 패러다임을 반복하려 하지 않는다.

### 결혼의 기회비용

전통적인 혼인은 남편이 경제적으로 가족을 부양하고 아내가 자녀를 양육하며 정서적으로 서로 의존하는 것이었다. 그러나 이제는 정서적인 관계에서 독립과 개인의 가치를 추구하는 목소리가 높아져 감정의 질적 향상을 기대하며 상호 존중과 배려가 우선 되고 있다. 혼인의 기능에 대대적인 변화가 일어난 것이다.

생활 수준이 높아지고 여성의 교육 수준이 높아지면서 여성도 가정 내 경제력을 담당하게 되었다. 경제력에 있어서 부부간의 의존도는 점점 줄고 있다. 성의 관념도 바뀌었다. 이미 젊은 사람들에게 혼전 성관계는 문제가 되지 않고 반드시 결혼만이 성생활의 만족을 가져온다고 생각지도 않는다.

이제 젊은이들은 결혼에 앞서 자신의 기회비용을 따진다. 결혼에 상응하는 항목으로 자기 계발, 커리어의 손실, 자유를 꼽는다. 안정적인 일자리에서 높은 소득과 비전이 있는 사람은 결혼 전 많이 망설인다. 자기 영역에 타인이 들어와 미칠 영향을 세심하게 따져보는 것이다. 가사노동, 감정적 상호작용, 상대방 가정사의 참여 등 혼자 살 때보다 모든 면에서 더 많은 시간과 노력, 돈, 열정이 소모된다. 결혼의 대가로 많은 것을 포기해야 한다면 결혼의 문턱은 높아질 수밖에 없다. 이러한 기회비용이 천생연분이나 백년해로의 갈망을 퇴색시킨다. 이제 결혼은 더 이상 인생의 필수 항목이 아니다.

### 새로운 가정 분업의 힘겨운 조정

높은 이혼율은 어제오늘의 일이 아니다. 2008년부터 2009년까지 중국 충칭시의 이혼 건수 중 결혼 유지 기간이 1년 이하가 무려 4분의 1을 차지했다. 지난해 한국에서는 이혼한 전체 부부 중 결혼 기간이 30년 이상인 부부의 황혼이혼이 처음으로 신혼 이혼을 앞질렀다.

결혼이 해체되는 본질적인 이유 중 하나는 가족의 관념과 가정의 협력 패러다임이 변화하기 때문이다. 그 중심에 여성이 있다. 지고지순한 여성상에서 탈피해 자신의 직업, 사회적 신분, 정신적 가치를 추구하고 있다. 남성과 동등하게 받은 교육과 사회 제도의 개편으로 여성의 역할이 주목받고 있으며 역할과 책임에서도 비중이 높아지고 있다. 한편 가정에 대한 남성의 요구는 거의 바뀌지 않았다. 아직도 전통적 여성상을 원하는 남성이 많다는 것이다. 여성은 '평등'한 분업 모델을 갈망하지만 남성은 아직 준비가 덜 된 듯하다. 변화된 가족관계에서 남성과 여성의 역할 분담이 아직 합의되지 않았음을 보여준다.

분업 모델의 새로운 구축은 매우 복잡한 문제이다. 가족관계에서 분업 방식의 수립은 두 원가족의 생활과 조율해야 이루어진다. 여성은 남성이 평등하게 가사를 책임지기를 원한다. 연애할 때 남성은 받아들일 수 있다고 말하지만 결혼하면 본래의 습관인 원가족의 방식으로 되돌아간다. 원가족에서 그의 어머니는 희생적으로 가족을 돌보며 집안일을 능숙하게 해냈다. 이 환경에서 아들인 그는 그저 누리기만 했을 뿐이다. 그의 내면에는 집안일은 자신의 감당할 일이 아니라는 의식이 있다. 연애의 열정이 식고 남성이 자발적으로 변화하려는 동기를 상실하면 자연스레 원래의 생활로 돌아간다. 이때 여성은 매우 실망하고 비난으로 불만을 표출한다. 충돌이 빚어지는 것은 불 보듯 뻔한 일이다.

### 현대 양육의 대가

서양 사회는 두 차례의 인구 혁명(높은 출산율과 사망률을 보이다가 낮은 출산율과 사망률로 상황이 전환되는 과정)을 겪었다. 인구 혁명의 특징은 비교적 빨리 결혼하고 한두 명의 아이를 낳는 것이다. 자녀에게 더 나은 생활과 교육 여건을 마련해주려는 욕구에서 비롯되었다. 이로 인해 1930년대 출산율은 현저히 낮아졌다. 두 번째 인구 혁명의 배경은 가정과 부모의 신분에서 진보와 개인주의를 추구하는 데 있다. 출산 여부는 필수가 아니라 개인의 선택이 되었다. 자녀에게 더 나은 생활과 교육 여건을 마련해주고자 출산에 신중한 태도를 보인다. 이미 출산으로 대를 이어야 한다는 전통 관념이 무너진 상황이라 젊은이들은 학업과 취업을 마치고 자기 계발을 한 후에야 출산을 고려한다. 적지 않은 양육 및 교육비용 역시 쉽게 출산을 결정하지 못하는 중요한 요인이다.

출산 문제는 전에 없이 복잡해졌다. 산후우울증, 육아, 교육 갈등 등 출산 이후에도 수많은 문제에 직면해야 한다. 가사 분업 문제도 해결되지 않은 상황에서 양육의 문제까지, 엎친 데 덮친 격이다. 출산과 육아는 여성이 직장에서 커리어를 쌓는 데 부담이 아닐 수 없다. 임신 기간에 생각지 못한 많은 문제가 출산 후 집중적으로 폭발한다. 엄마의 역할도 쉽지 않다. 육아로 휴식 시간은 엉망이 되고 체력은 바닥난다. 육아를 독립적으로 할 수 없는 가정에서는 부모님이나 베이비시터의 도움이 필요해 가족 구성원까지 갑자기 변하게 된다. 경제적 부담은 물론 가정 내 관계까지 복잡해진다.

중국의 통계에 따르면 출산한 여성 10명 중 1명(10%~15%)은 산후우울증을 겪는다. 절반 이상의 산모(50%~80%)가 우울감을 느낀다. 여성은 출산과 동시에 엄마가 되면서 남편의 아내로, 딸, 며느리, 직장에서의 역할을 수행해야 한다. 피로감이 쌓일 수밖에 없다. 여기에 더해 호르몬의 불균형과 외부 환경의 압박으로 심리는 붕괴로 내몰린다. 이때 나타나는 우울감은 이에 맞설 힘이 남아 있지 않다는 의미이며 자기보호를 위한 '쇼크'다. 게다가 복잡한 가사분담 문제와 아직 해결되지 않은 가족 갈등까지 커다란 심리적 부담으로 작용한다.

독박 육아는 가정 내 분업과 협력의 실패가 불러온 현상이다. 아기는 출생 후 엄마나 할머니가 돌보거나 도우미를 고용해 돌보게 한다. 여기서 남성은 '아무것도 모른다'라며 배제된다. 그러면서 육아에 방관한다고 비난한다. 남성은 억울하지만 적절한 자신의 역할을 찾지 못한다. 아이를 안거나 씻기는 일에 서툴고 우유나 이유식도 잘 모르기에 육아에서 점점 멀어진다. 양성의 차이에 대한 기본적인 이해가 부족하면 남성에게 육아를 요청하거나 기대하지 못해 협업은 실패하고 만다.

육아 문제의 본질은 가족 분업의 권력 다툼이다. 아이를 돌보는 것이 부모의 핵심 임무이므로 육아를 도맡은 사람에 의해 가정의 일상이 결정된다. 아이를 어떤 학원을 보낼지, 어떤 보험에 들지, 어느 동네에 살지 등은 아이와 관련된 문제이지만 모두 가정을 어디로 끌고 가느냐의 권력 다툼과 관련된다.

### '사춘기'가 '갱년기'를 만났을 때

사춘기 자녀를 둔 가정은 분업에서 어느 정도 안정기에 접어든다. 하지만 이 가정 역시 유례없는 도전에 직면한다.

중국의 통계에 따르면 청소년의 수면 부족 현상이 날로 심각해지고 있다. 약 30%의 청소년이 우울감을 느끼며 자살 시도율은 3%에 달했다. 청소년이 정신적으로 위기에 처해 있다는 반증이다. 청소년은 거대한 사회 변천을 체험하며 자극적인 현상이나 유해 요소에 근접해 있다. 가족 간 소통과 교류는 줄었지만, 부모의 기대는 오히려 커졌다. 학업 스트레스는 심각하다. 체격은 예전보다 좋아졌지만 체력은 현저히 줄어들었다. 근시 현상도 청소년들 사이에서 보편적으로 나타나고 있다. 이에 청소년들은 인터넷과 학업 회피, 우울감에 빠져 고립되어가고 있다. 믿고 의지해야 할 부모와도 평행선을 달린다. 안타깝게도 부모는 아이에게 중대한 문제가 드러나야 문제의 심각성을 깨닫는다.

중국 인터넷에 올라온 중년의 난처한 상황을 그대로 보여주는 글이 있다. 많은 중년이 이 글에 공감하며 자신의 처지를 댓글로 하소연했다.

> "여러 가지 이유로 스스로 자유롭게 제어할 수 있는 시간과 공간이 없어졌다."
>
> "몸은 예전 같지 않고 돈도 없으니 아이가 말을 듣지 않는다."

"중년의 위기를 농담 삼아 이야기할 때는 웃고 넘겼는데, 집에 돌아가서는 씁쓸했다."

"종일 바쁘게 움직이지만 생활은 나아지지 않는다. 이제 내가 바꿀 수 있는 건 없다."

"변화가 두렵다. 일단 변화가 생기면 기분이 확 나빠진다."

세계보건기구는 노년의 연령을 66~79세로 조정했다. 현대인의 육체적 건강과 길어진 수명을 고려한 결과이다. 하지만 40~50대가 되면 몸 상태는 급격히 나빠진다. 잠을 푹 자고 나도 체력이 회복되지 않고, 기억력 또한 쇠퇴한다. 한창나이에 일찍 세상을 떠나는 경우도 갈수록 많아진다. 중년을 구분하는 연령은 상향되었지만, 그 기준이 '중년 위기'의 도래는 막지 못한다.

'사춘기'와 '갱년기'가 만나면 큰 충돌이 일어난다. 청소년들은 독립과 분리를 기대하면서도 자기 발전이 불안정성으로 가득 차 있다는 사실을 부정하지 않는다. 반항적이면서도 선도적이어야 하고, 독립적이면서도 뒷받침이 필요하며, 자존심은 세고 예민함은 극에 달해 있지만, 보호가 필요하다는 점을 인정한다. 이런 사춘기의 자녀를 바라보는 부모는 정서적 인내력과 포용력에 큰 도전을 받는다.

'중년의 위기'를 겪고 있는 부모 또한 자라는 아들딸을 보면서 노화와 죽음에 대한 불안감이 일기 시작한다. 다음 세대의 성숙은 이전 세대가 도태가 아니든가. 필연적인 애증이 교차하며 만들어낸 장력에 현실적 압박이 더해지면서 가족 간 충돌과 마찰이 일어난다.

역사회화 현상은 중년 엄마, 노부모의 권위를 위협하고 있다. 70년대 인류학자 마거릿 미드Margaret Mead는 《문화와 약속Culture and Commitment》에서 인간이 관계를 형성하고 사회화하는 데 보이는 패턴을 어른 세대가 주도하는 사회post figurative, 어른 세대와 어린 세대가 움직이는 사회co-figurative, 어린 세대가 주도하는 사회pre-figurative로 분류했다. 이 중 어린 세대가 주도하는 사회는 어린 세대로부터 어른 세대가 배우는 '역사회화' 현상이 일어난다. 아버지 세대보다 물질적 여건과 교육의 기회, 디지털 미디어의 폭넓은 보급으로 타인이나 환경의 채널이 풍부해진 자녀는 인식의 경계를 크게 넓히고 지식을 확장하면서 전통적인 의미의 '피교육자'나 '경험 수용자'에서 '교육자'와 '경험 공유자'로 변화한다. 부모의 처지에서 본다면 권위에 대한 도전이다.

## 삶의 끝자락에서

노인이 되면 사회가 자신들을 잊고 소외시킨다고 느낀다. 왜 상점에서 지폐를 받지 않는지, 병원에 가면 왜 기계를 이용해 접수해야만 하는지, 왜 정거장에서 차표를 살 수 없는지 이해할 수 없다. 슈퍼마켓에 왜 무인 계산대가 늘고 길가에 세워진 자전거를 왜 마음대로 타는지 알 수 없다. 몸이 늙고 머리는 둔해지는데 사회는 숨 돌릴 틈조차 주지 않고 변한다. 그들은 '독거노인'이 되고 전통적인 의미의 가족을 잃었다. 늙으면 자식이 부양해줄 것이라고 믿었던 노인은 이제 사회의 변화에 적응하려고 노력하고 있다.

인간의 수명이 늘어나 고령사회가 도래했다. 사람과 사회는 충분히 준비하지 못한 채 문제에 직면했다. 결혼할지 말지, 출산할지 말지, 사춘기 아들을 어떻게 대해야 하는지 자신의 중년과 말년을 어떻게 보내야 할지까지 삶의 문제가 산적해 있다. 한편, 우리는 전대미문의 가능성도 발견한다. 불확실성은 불안을 가져오는 주요한 원인이다. 불확실성을 다루는 능력, 불확실성 안에서 새로운 가능성을 찾는 능력만이 불안을 해소하는 약이 된다.

테마 글쓰기는 중요한 테마로 명제를 연속해서 쓰는 것이다. 자유로운 글쓰기와 달리 테마 글쓰기는 내적 사고가 필요하다. 테마 글쓰기는 집단 치료에 많이 활용된다. 그룹의 구성원이 한 가지 테마에 대해 쓰고 공유하면 그 주제로 이해와 탐구를 심화시킬 수 있다. 혼자서 시도할 때는 다각적인 연속 글쓰기가 필요하다. 이를 통해 내면의 감정을 정리하고 체계적인 사고를 확대할 수 있다.

가족의 인생 주기에 알맞은 글쓰기 테마를 살펴보자.

**가족 형성기의 10가지 테마**

1. 내가 기대하는 배우자의 모습
2. 내가 이해한 사랑
3. 내가 이해한 결혼과 결혼에 대한 기대
4. 결혼생활에서 지켜야 할 마지노선과 원칙
5. 결혼생활을 위해 필요한 일치된 가치관, 인생관, 세계관
6. 남녀 각각의 성 역할에 대한 이해
7. 성 역할에 대한 기대
8. 원가족이 결혼에 미치는 영향
9. 배우자의 원가족
10. 결혼의 대가와 나의 약속

**가정 확장기의 10가지 테마**

1. 새집의 인테리어
2. 신혼여행
3. 골치 아프고도 사소한 일
4. 우리의 성생활
5. 새 생명에 대한 계획
6. 아기 돌보기 계획
7. 아이가 생긴 후 나에게 생길 변화
8. 아이가 생긴 후 가정에 생길 변화
9. 아이에 대한 우리의 첫 번째 갈등
10. 가족과의 고민

**사춘기 자녀가 있는 가정의 10가지 테마**

1. 아이는 자라고 있다
2. 아이에게 일어난 이상한 변화
3. 아이와 이야기하는 법
4. 아이의 성교육
5. 아이와 이성 교제에 대해 대화하는 방법
6. 내가 느끼는 나의 노화
7. 당당하게 물러나는 방법
8. 나는 아직도 배우자를 사랑하는가
9. 아이가 떠난 집의 텅 빈 오후
10. 중년의 위기/여생을 보내는 방법

Part 4

# 불안 뛰어넘기

불안은 당신의 당당함에 사멸한다.
한입씩 한입씩 먹었더니 숨 쉴 공간이 생겼다.

# 기준에
# 제압당하지 마라

요즘 심리학에 관심 갖는 사람이 매우 많다. 심리학이 생활 밖 넓은 '비밀'의 세계를 여는 열쇠라고 생각하는 듯싶다. 그래서일까. 돈, 관계, 인생 등 삶과 밀접한 단어나 주식에도 심리학이 붙은 제목의 책이 쏟아진다. '마음의 성장'이라는 말도 유행어처럼 쓴다. 자신에게 영향을 미치는 현실 문제의 '심리'를 밝혀내면 '성장'이 가능하다고 생각한다.

하지만 심리학을 접하는 일이 체계적이지 않고 성숙하지 않은 상태에서는 '맹목적 선택'과 '눈앞의 이익에만 급급'할 수 있다. 어떤 사람은 개인의 이익을 취하고자 '심리학'을 내세운다. 심리치료를 빌미로 비싼 수험료를 받기도 한다. 이런 방법으로는 오히려 더 많은 심리 문제를 만들어낸다. 내면의 성장은 현실에서 성하고 쇠하는 것보다 더 많은 진정성과 용기가 필요하다.

### 왜 그런 감정이 생겼을까

감정은 매 순간 경험하는 심리 과정이다. 보편적으로 자기감정을 분명하게 정리하며 성장한다. 감정을 정리하는 첫 번째 단계는 자신의 감정 상태가 어떠한지, 왜 그런 감정이 생겼는지를 정확히 인식하는 것이다. 같은 상황에서도 서로 다른 감정은 특정한 표정과 잠재의식의 언행을 유발한다. 예로부터 '칠정육욕七情六慾'에서 칠정은 감정 상태를 나타내는 것으로 기쁨喜, 분노怒, 우울憂, 근심思, 슬픔悲, 공포恐, 놀람驚을 말한다. 이는 에너지와 내재적 필요에 따라 미세하게 분화되는데 더 풍부한 감정과 감각을 조합해내기도 한다.

정서는 마음을 이해하도록 도와주는 훌륭한 멘토이다. '기쁨喜'은 흥분, 행복, 희열, 환희, 평정 등 좋은 감정이 계속되기를 갈망한다. 그래서 아이가 좋은 성적을 거두면 기쁨을 감추지 못하면서 동시에 다음에도 좋은 성적을 거두기를 기대한다. 그러나 기쁜 일에 욕심을 부리거나 과도하게 집착하면 '기쁨'은 고유의 맛을 잃어버린다.

위협을 느낄 때는 어떨까? 놀람과 두려움, 불안감, 초조함, 걱정의 감정이 폭발한다. 모두 '공포'와 관련되어 어떡해서든 위험을 피하고 싶은 감정과 정서가 분출된다. 아이가 숙제를 늦게 하면 성적이 점점 떨어질까 봐 걱정한다. 아이 성적이 나빠져서 좋은 학교에 못 가면 어떻게 하나, 좋은 학교에 못 가서 대학에 못 가면 어떻게 하나, 좋은 일자리를 얻지 못하면 어떻게 하나 염려한다. 걱정과 초조의 결정체 '공포'가 만들어낸 '재난'이다.

공포에 동반되는 감정은 '분노'이다. 욱하고 원망하고 화내고 초조해한다. 부모는 화를 낼 때 책상을 치며 소리 지른다. "넌 도대체 내 말을 듣는 거야 안 듣는 거야!", "이것도 못 하니? 다른 애들 좀 봐!", "아직도 몰라? 도대체 몇 번을 말해야 하니?"

이 분노는 아이가 말을 안 들어서 그런 것 같지만 사실을 정반대다. 자아의 내적 역량이 부족함에 스스로 위기의식을 느끼고 통제감을 회복하고자 할 때 나타난다. 다시 말해 '분노'는 자신의 입지나 영역을 침범당한 것에 대한 보복이다.

'상실'과 관련 있는 감정은 실의, 절망, 우울, 의기소침 등이다. 부모에게 이 감정이 깃들면 아이를 방치하거나 헐뜯고 비아냥거리는 말을 내뱉는다.

정서는 진실한 자기 내면의 길잡이다. 자기감정의 이해가 명확할수록 서로 다른 정서의 차이를 분명하게 구분할 수 있다. 정서 분화 정도가 높을수록 감각도 풍부해진다. 자신의 내면을 정확하게 포착하면 다양한 대사를 구사하게 된다. 정서를 절제 있게 경험하고 깨달아 내면의 동력을 현명하게 되새기는 것이 실질적인 마음의 성장이다. 감정과 동고동락하며 평화로운 정서를 순조롭게 이어가는 것이 인생의 숙제이다.

### 인생의 갑옷을 벗어던지고

감정을 다스리는 잠재의식이 있다. 심리학에서는 이를 방어기제라고 부르는데 고통에 대한 무의식의 처리방식이다. 해결할 수 없는 내면의 충돌을 처리하기 위해 취하는 조치로, 받아들일 수 없는 불편한 감정을 처리하려는 목표를 가지고 있다.

성숙한 심리적 방어기제를 가진 사람은 문제에 직면할 때, 내면의 고통을 현실적인 해결방안으로 전환해 책임을 지려는 자세를 갖는다. 그로 인해 이타적인 인생을 살아갈 수 있다. 이런 부모는 자녀에게 으르렁거리지도 않으며 자책으로 자신에게 상처를 입히지도 않는다. 하지만 미성숙한 심리적 방어기제를 가진 사람은 당장 고통을 벗어버리려고 책임을 남에게 돌리거나 흑백논리의 대립적 시선으로 문제를 바라본다. 현실에 대한 환상과 왜곡으로 난관을 회피하려 든다.

미성숙한 방어기제 중 가장 흔한 방법이 '투사Projection'이다. 투사란 자신의 내면이 견딜 수 없는 정서적 충동, 욕망, 좌절, 원한, 갈망을 모두 다른 사람의 머리 위에 던져버리는 것이다. 이런 난처한 감정에는 낮은 자존감, 채워지지 않는 기대, 이룰 수 없는 소망에 대한 분노가 포함된다. 악플 같은 사이버 폭력이 그 예이다. 익명이라는 특성을 이용해 인터넷 공간에서 무책임하게 발설하고 제멋대로 투사한다. 내면이 미성숙한 부모는 업무 스트레스나 좌절감, 화, 위기감, 실망을 아이에게 날것 그대로 던진다. '숙제'는 그저 핑계일 뿐이다.

내면세계가 약하면 자기 현실을 이상화한다. 열등감을 느끼며 두려워하고 막막할수록 현실에서 벗어나려는 것이다. 자신의 완벽한 상태를 상상하면서 현실에 맞지 않는 꿈을 만든다. 자기 능력을 과대평가하여 타인을 구원하는 위치에 놓는 방식으로 정신세계에서 현실에 대한 통제감을 만들어낸다. 이러한 이상화는 자녀에 대한 과도한 기대로 이입된다. 이를 아는 사교육기관은 상업적 이익을 좇아 확대된 '이상화'를 만들어낸다. 그들은 부모가 자녀를 '천재'로 여기게 만들어 쉽게 꿈을 이룰 수 있다고 장담한다. 그로 인해 아이들은 부모 욕망의 연장선이 되고 자신은 이상화된 부모의 모습이 된다.

사람은 스트레스를 받으면 원시적 방어기제를 사용한다. 분열, 부정, 폄하 등 본능적이며 낮은 수준의 반응 상태를 보인다. 머리 끝까지 화가 난 사람이 이것 아니면 저것이라는 흑백논리를 피하지 못하고 공격적으로 변하는 것과 같다. 1초 전까지 피아노 연습을 준비하는 아이가 부모의 눈에 '미래의 베토벤'으로 보였는데, 막상 피아노 소리가 울리면 부모는 거칠게 악보를 치며 말한다. "바보 아니니? 맞는 게 하나도 없잖아!" 부모가 자기 기분에 따라 천사에서 악마로 수시로 변한다면 자녀의 정서 문제에 심각한 영향을 미칠 수밖에 없다. 부모의 '이분화'된 행동의 결과는 전적으로 이를 감당하지 못하는 아이에게 떠맡겨진다.

미성숙한 방어기제는 부모가 약점을 감추기 위해 입은 갑옷이다. 고통과 책임을 피하려는 목적으로 입었다. 하지만 오히려 고통이 가중되는 결과를 맞는다. 진정한 성장은 갑옷을 벗고 현실을 마주하는 것이다.

### 자신의 '감각'을 분명하게 느끼기

이제껏 입고 있던 갑옷을 벗기란 쉬운 일이 아니다. 자기 정서를 다루는 방식은 오랜 기간 정신에 축적되어 형성되었기 때문이다. 자신의 부모와 가정, 환경의 영향을 받으며 자연스럽게 혹은 의도적으로 만들고 다듬은 방어기제이다. 이 낡은 외투를 완전히 벗고 '새 옷'으로 갈아입는다는 것은 인생관을 바꾸는 일이나 마찬가지다.

먼저 자신의 감정 패턴을 충분히 '지각'해야 한다. 감정이 일어날 때 정확하게 그 감정을 묘사할 어휘를 찾아 이름을 붙여 보고 동시에 신체 감각을 체득해야 한다. 지금 자신의 호흡, 심장박동, 혈액, 근육의 움직임을 살피고 감정의 흐름을 읽어내야 한다. 신체 감각의 변화에 감정은 어떻게 변하는지, 지난날의 어떤 경험과 장면에 어떤 감정이 나타나는지, 인간관계에서 사람에 따라 반응하는 감정에는 어떤 차이가 있는지, 관계에서 어떤 일이 있었는지 살펴야 한다.

자신의 감정 체험을 충분히 이해하면 감정을 조절할 방향이 보인다. 원가족의 상호작용 방식과 지금 문제의 닮은 점은 무엇이었는가. 원가족의 반응과 상대의 반응에는 어떠한 유사점이 있는가? 왜 같은 문제가 동료와의 관계, 결혼생활 관계, 자녀와의 관계에서 반복적으로 나타나는가? 그러나 막상 자신의 문제 앞에 서면 객관적인 자세를 유지하기 어렵다. 그러므로 이를 분석하기 위해 원가족 안에서 형성된 몇 가지 감정 패턴을 관찰해보자. 자신을 이해하는 데 도움을 줄 것이다.

### 부모가 사랑하는 방식

부모마다 자녀 사랑 방식은 다르다. 분주하게 뛰어다니며 뒷바라지를 하는 유형이 있고 묵묵히 지지하는 유형도 있다. 성적과 사생활을 물으며 끊임없이 격려하며 사랑을 전달하는 사람도 있고 하나부터 열까지 직접 챙겨줘야 직성이 풀리는 사랑 표현도 있다. 당신의 사랑은 자녀와 부모의 경계를 넘나들지는 않았는가? 자녀는 당신의 사랑을 어떻게 이해하고 있는가?

### 행동방식에 대한 모방

당신의 어떤 행동방식이 과거 부모와 일치하는가? 말하는 것, 자주 사용하는 단어, 당신과 배우자가 지내는 방식이 부모와 닮았는가? 무의식중에 행하는 행동, 식습관, 집안일 등 의식하지 않아도 부모와 닮아 있다. 일상에서 세세하게 체득하고 하나하나 표기해보자.

### 기대를 표현하는 방식

기대를 표현하는 것은 의사소통에서 중요한 부분이다. 효과적으로 표현해야 이해를 돕고 관계를 촉진할 수 있다. 부모가 기대하고 필요를 느낄 때 어떻게 소통하는가? 서로 불만이 있을 때 어떻게 처리하는가? 당신의 처리방식은 그들의 방식과 닮았는가?

### 스트레스 상태에서의 대응 방식

부모는 스트레스를 받을 때 어떻게 처리하는가? 서로 힘이 되어주었는가? 아니면 불평하며 책임을 떠넘기는가? 혼자서 조용히 인내하는가 아니면 다른 사람에게 털어놓는가? 당신의 방식은 그들과 어느 부분이 닮았는가?

부모의 어떤 태도가 당신에게 영향을 미쳤는가? 내면의 어떤 목소리가 부모와 닮았는가? 문득 자기 모습에서 부모가 겹쳐 보일 때가 있다. 기쁘기도 하고 흥분되기도 한다. 반면 아프거나 도망치고 싶을 수도 있다. 이러한 느낌의 과정은 한 번에 생기지 않고 단기간에 체화되지 않는다. 부모와의 관계가 매우 나쁜 사람은 전문가의 도움이 필요하다. 부모와의 관계가 복잡하다면 다양한 감정이 얽히고설켜 쉽게 정리할 수 없다.

### 독립의 시작, '너의 느낌'과 '나의 느낌'의 구분

'너의 느낌'과 '나의 느낌'을 분명하게 구분하면 독립이 시작된다. 심리학에서 '분리-개별화'의 과정이라고 부르는 이것은 삶을 영위하는 동안 계속된다.

사람의 감정이 유발되는 데는 분명한 근거가 있다. 어렸을 때 받은 감정일수록 무의식에 많은 영향을 미쳐 타인과 관계에서 자극받는다. 분리-개별화의 과정은 무의식의 영향을 일일이 의식화하여 자아의 감정과 타인의 감정 사이에서 경계감을 만든다.

'나의 느낌'과 '너의 느낌'을 철저히 구분하는 것은 미세한 부분에서 감지되는 높은 수준의 수련이다. 어떤 느낌이 좋은지, 어떤 느낌이 부정적인지 구분하고 자신을 더 분명히 이해할 수 있어야 한다. 어떤 감정이 어머니의 영향을 받고 어떤 감정이 아버지의 영향을 받았는가? 어떤 느낌이 특별한 상황에서 발생하는 전형적인 반응인가? 자신의 감정을 세밀하게 벗겨내 '너의 느낌'과 '나의 느낌'에 어떤 영향을 미치는지 알아내야 한다.

어머니가 너무 많이 먹게 해 힘들었던 경험이 있는 사람은 다른 사람이 자신에게 베푸는 호의를 거부한다. 하지만 아이러니하게도 자신 역시 주는 방식으로 타인에게 인정받으려 한다. 이를 안다면 타인의 호의를 서서히 받아들이면서 유대감을 쌓을 수 있다. 자신의 문제 요인에서 벗어나 새로운 관계 맺음을 형성하며 극복해 나가는 것이다.

**당신의 괴로움에는 어떠한 '나의 느낌'이 담겼는가?**

- 내가 말을 했는데도 소용없다는 분노
- 먹고 싶지 않은 난감함
- 엄마의 요구를 거절했던 죄책감

**당신은 어떤 영향을 받았는가?**

- 엄마는 무엇을 위해서 그렇게 한 것인가?
- 그녀가 걱정하는 것은 무엇인가?
- 그녀는 이러한 방식을 통해 자신의 어떤 바람을 이루었는가?
- 죄책감은 어떻게 생겨난 것인가?
- 괴로움에 어떤 방법으로 대응했는가?
- 다른 사람을 대할 때 당신의 태도는 어머니와 닮았는가?

이것은 다른 사람의 '너의 느낌'이 당신의 '나의 느낌'에 영향을 미치는 과정이다. 세세하게 벗겨내고 나면 자신의 감정을 또렷하게 보며 살 수 있을 것이다.

- 엄마는 굶주려본 경험이 있어서 '못 먹을까 봐'를 나에게 투사했다.
- 엄마는 나를 사랑하기 때문에 내가 잘 먹고 건강하기를 바란다.
- 엄마는 '내가 해준 음식을 아이가 좋아한다'라는 만족을 통해 주부로서 존재감을 느끼기를 바란다.
- 이러한 복잡한 느낌은 엄마의 내면세계에 동시에 존재할 수 있다.
- 나는 배불리 먹었고 건강하므로 반항심이 들었다.
- 엄마는 무척 고생한다. 자신을 희생하는 방식은 나에게 죄책감을 느끼게 한다. 하지만 난 잘못한 게 없다.

- 엄마를 사랑하기에 거부할 수 없다.
- 내가 얘기하면 항상 무시당하기에 화가 난다. 진실한 마음과 분노는 나를 더욱 반항하게 한다.

복잡한 감정은 차례로 오기도 하고 한꺼번에 밀려오기도 한다. 여기서 '너'와 '나'의 닮은 점이 나타난다.

- 다른 사람을 마주할 때 인정을 받기 위해 나도 모르게 이러한 방식을 사용한다.
- 내가 베풀었는데 남들이 알아주지 않으면 다른 사람의 감정을 억누르고 싶어지는데, 이러한 반응은 엄마를 매우 닮았다.
- 내가 베풀었을 때 사람들이 왜 거부했는지 깨달았다. 그 불편함은 내가 경험했던 것과 같다.

이러한 감각이 깨어 있어야 자신을 위한 새로운 결정을 할 수 있다. 온전히 '나의 느낌'에 따라 행동하는 것이다. 물론 이 과정에 취사선택의 몫은 자신에게 달려 있다. 스스로 모든 책임을 감당하는 임무를 맡게 될 수도 있으며 어머니의 상실감과 자신의 죄책감이 가져오는 고통을 감내해야 할 수도 있다. 반복적인 단련 과정과 경험이 안정적인 대응 전략을 세울 수 있도록 돕는다.

성숙한 대응 전략은 세 가지로 나누어볼 수 있다.

첫째, 계승할 만한 것은 어떤 것인가? 생명은 가장 위대한 계승이다. 전면적인 부정과 전면적인 수용은 분리되지 못함을 의미한다. 어머니의 희생정신, 타인에게 관심을 기울이는 품성과 음식 솜씨는 모두 계승할 만한 자산이다.

둘째, 버려야 할 것은 어떤 것인가? 자녀가 '남김없이 먹는 것'에서 자신의 존재감을 느끼는 것은 헛된 바람이다. 현실에 맞지 않는 것이며 타인에 대한 침해다.

셋째, 자원으로 전환할 수 있는 것은 어떤 것인가? 베푸는 것은 고귀하지만 지나치면 타인의 자유를 침해하고 통제로 변한다. 그러므로 베푸는 기준과 한계를 배우고 연습해야 한다. 오랜 기간에 걸쳐 베푸는 과정에서 형성된 타인의 필요에 대한 관찰력과 타인을 만족시키는 능력은 자원으로 전환될 수 있다.

새로운 대응 전략 과정은 계획대로 순조롭게 진행되지 않는다. 낡은 감정이 완전히 사라지고 새로운 체험이 형성될 때까지 끊임없이 조절하고 깨닫고 마주하면서 새로운 행동 방식을 강화해야 한다. '너의 느낌'을 '나의 느낌'으로 완전히 바꾸는 과정은 자아 역량의 중대한 시험이다.

## 몸은 어떻게 답을 알고 있을까

몸과 마음의 병이라는 '심신증'은 심리적 원인의 생리 질병이다. 불면증, 두통, 위장장애, 천식, 심장병 등으로 질병의 발생과 발달 과정에 심리 요인이 주요한 작용을 한다. 육체적인 증상에 비해 병리학적 근거가 드러나지 않는다는 특징이 있다. 심리 문제가 해결되면 자연히 해소되고 어떤 경우 치료하지 않아도 낫는다.

공황 발작과 심장병의 증상은 매우 유사하다. 환자의 심장에 큰 문제가 없지만, 발작 시 심장이 두근거리는 증상이 발생한다. 우울은 몸의 통증을 일으키고 환자가 원래 가지고 있던 질환을 악화시킨다. 임상 검사에서 기질성 문제가 심각하지 않은데도 회복이 잘 되지 않는다. 물론 통증에 대한 환자의 감각은 사실이다. 그래서 환자는 계속 병원을 찾는다. 내면의 충돌과 해결되지 않은 문제를 몸이 통증으로 표현하는 것이다.

'신체화'는 신체 증상으로 정신적 불편함을 드러내는 용어이다. 개체가 초조, 공포를 느낄 때 원시적인 신체적 반응이 일어나는 것과 같다. 그래서 설사, 기절, 발열, 복통, 이상한 흥분 등을 신체 행동 언어로 이해한다.

초조, 긴장이 장기간 이해되지 못하면 몸에 나쁜 감정이 몸에 남는다. 겉으로 표현되지 않지만 잠재의식에 남아 좌절이나 스트레스를 느낄 때 표출된다. 알 수 없는 불편과 초조를 느끼면서도 그 원인을 찾을 수 없다. 불안한 상태를 몸의 문제로 표현하는 유아기의 모습으로 퇴화한다.

생각보다 많은 사람이 불쾌한 기분을 신체화 증상으로 대체한다. 요컨대 잠재의식을 억누르는 심리적 목적을 신체화로 달성하는 것이다. 지지받지 못한다고 느끼는 사람은 신체 여러 곳에 문제가 생길 수 있다. 스트레스가 심한 사람은 등과 목에 문제가 올 수도 있다. 깊은 정서적 단절감과 절망감은 혈액 관련 질병을 유발하기도 하고 무력감과 죽음에 대한 공포는 면역 체계에 문제를 일으킨다.

정신분석가는 이러한 신체화의 형성을 잠재의식의 표출이라고 보았다. 프로이트는 히스테리 연구에서 최면으로 잠재의식에 억눌린 심리적 내용을 의식 차원으로 끌어내면 환각, 통증, 기억 상실 등 환자의 신체화 증상이 사라진다는 사실을 발견했다. 자신이 처리할 수 없는 내면의 갈등과 충돌을 신체 기관과 자율신경 기능 장애로 전환하여 자아 내면의 곤경에서 벗어나야 한다는 것이다.

그런데 이러한 신체화 증상은 아픈 것을 핑계로 어떤 책임이나 의무를 회피하고 다른 사람의 시선을 끌거나 동정을 구할 수 있다. 사회적으로 아픈 사람은 쉽게 동정과 이해를 받지만, 심리적 고민을 호소하면 나약하고 무능하다는 선입견을 주기 때문에 신체화 증상은 '속발성 혜택'을 가져온다. 몸은 답을 알고 있다. 신체화가 답을 보여주는 증거이다. 이제 그 답을 읽을 수 있지 않은가?

### 건포도 명상은 무엇을 위한 연습인가

대학 동창 몇 명이 모였다. 예전에는 사업의 근황이나 푸르렀던 지난날을 회상했다. 하지만 최근에는 주로 건강 문제가 화두에 오른다. 중년이 되면 몸이 어제 같지 않고 체력에도 한계가 있다는 점을 실감한다. 몸은 현실로 보게 하는 가장 확실한 근거다.

마음챙김 인지 치료는 존 카밧-진Jon Kabat-Zinn이 설립했다. 마음챙김 스트레스 감소 클리닉을 기초로 인지 행동 요법을 결합하여 1990년대에 발전한 훈련 시스템으로 불안과 우울증, 우울증의 재발을 효과적으로 예방할 수 있음이 증명되었다. 동시에 불면증과 정서장애, 만성 피로 증후군, 암의 재발, 대인기피증 등 심신증의 보조 치료에 활용되며 건강한 사람의 스트레스 관리와 감지 능력, 주의력, 삶에 대한 근성 향상에 적용된다.

마음챙김 훈련 중 '건포도 명상'이라는 수련이 있다. 몸에 대한 깊은 깨달음을 가지고 현재를 살아가는 지혜를 배울 수 있도록 도와준다. 5분에서 10분 정도의 시간을 두고 지시를 따라 수련해 보자. 전화, 가족, 친구로부터 방해받지 않도록 조용한 공간에서 혼자 앉아 마음을 가다듬어야 한다.

약간의 건포도(기타 건과일이나 작은 견과류도 괜찮다)가 필요하다. 자신의 반응을 기록할 펜과 종이도 필요하다. 동작 하나하나를 천천히 해야 한다. 동작 하나하나를 슬로우 모션처럼 느껴지도록 천천히 해야 한다는 것을 명심하자.

건포도 몇 알을 손 위에 놓는다. 건포도가 없다면 다른 음식도 괜찮다. 자신이 머나먼 별에서 지금 막 지구에 도착했다고 상상하라. 그 별에는 건포도가 없다. 지금 이 낯선 음식이 손 위에 있다. 모든 감각을 이용하며 그것을 탐색하기 시작한다. 지금껏 그와 비슷한 것을 한 번도 보지 못한 것처럼. 집중해서 이 물체를 보고 자세히 관찰한다. 그것의 모든 부분을 탐색한다. 손으로 돌려보고 무슨 색깔인지 살펴본다.

건포도 한 알을 집어 손바닥에 올려놓거나 손가락으로 집는다.
손바닥 위에 있는 건포도의 무게를 느낄 수 있는가?
손바닥에 건포도의 그림자가 생기지는 않았는가?

겉에 주름이 있는지 주의해서 살펴보고 어느 부분의 색깔이 연하고 진한지 자세히 본다.

이제 질감을 탐색한다. 그 부드럽고 딱딱한 정도, 거친지 매끄러운지 느껴본다. 이때 머릿속에 '왜 이런 이상한 연습을 하는 거지?', '이게 무슨 도움이 되겠어?', '건포도 진짜 싫어하는데.'라는 생각이 떠올랐다면 이런 생각을 묵묵히 지켜본 후 다시 시선을 물체로 옮긴다.

코로 건포도 냄새를 맡는다.

건포도를 귓가에 두고 눌러보고 돌려보면서 어떤 소리가 나는지 들어본다.

천천히 입에 가져가 본다. 팔을 어떻게 입가에 갖다 댔는지 살피고 입안의 침을 언제부터 의식하게 되었는지 집중한다. 혀에 올려놓고 씹지 않은 상태로 입안에서 어떤 느낌인지 자세히 체험해본다. 준비가 다 되면 의식적으로 깨문다. 건포도가 입안에서 어떻게 이쪽에서 저쪽으로 움직이는지 집중한다.

천천히 건포도를 씹어본다. 입안의 타액에 집중한다. 건포도를 씹을 때 그 점도가 어떻게 변하는가? 삼킬 준비가 되었으면 의식적으로 삼키는 동작을 한다. 건포도를 삼키는 느낌에 유의하자.

건포도를 삼키기 위해 어떤 준비를 했는가? 목구멍에서 미끄러져 식도를 지나고 위에 들어가는 것을 느낀다.

마지막으로 건포도를 먹은 후의 기분을 느껴보자.

입안에 아직 여운이 있는가?

건포도는 없다면 입안의 느낌은 어떠한가?

자연스레 다른 한 알을 더 집어들 충동이 드는가?

이 작은 건포도에 이끌려 현실과 몸의 감각이 조금씩 회복된다. 몸의 감각에 정신세계가 숨어 있다.

## 스스로 하는 글쓰기 연습_**감정 일기**

자신을 괴롭히는 정서적 문제를 의도적으로 기록하자. 일정 기간 관찰하고 글을 쓰는 것은 완전히 분리되는 개체화 과정에 도움이 된다. 어떤 감정이 특정 상황에서 반복적으로 나타나 우리를 괴롭힐 때 다음과 같은 표(표13-1)를 사용해보자. 감정이 안정을 찾은 후, 이 감정을 다시 한번 돌아보자(표 13-2).

**표 13-1 감정 기록표(단계 1)**

| | |
|---|---|
| 무슨 일이 일어났는가? | |
| 나는 어떤 정서적 경험이 있는가?<br>(신체 감각, 정서의 유형과 강도, 같이 드는 생각) | |
| 이러한 정서의 강도(1~10점) | |
| 이 감정이 나타났을 때 과거의 어떤 일이나 장면이 떠올랐는가? | |

**표 13-2 감정 기록표(단계 2)**

| | |
|---|---|
| 감정을 가라앉히는 데 시간은 얼마나 걸렸는가? 어떤 방법을 사용하였는가?<br>현재 정서의 강도(1~10점) | |
| 이 정서의 감정은 어떻게 온 것인가? 나의 어떤 관계나 과거의 경험과 관계가 있는지 알아본다. | |

| | |
|---|---|
| 나에게 강렬한 감정을 안겨준 사람 또는 사건은 내가 만난 어떤 사람 또는 어떤 사건과 유사할까? 과거에 무슨 일이 있었는지 기억해본다. | |
| 내 속마음은 어떠한가? 나에게 다른 대응 방식이 있을 수 있을까? | |

생활에서 이 사건과 관련된 일이 발생하고 이 사건이 나에게 시사한 바가 있을 때 다음 표(표13-3)를 사용할 수 있다.

**표13-3 감정 기록표(단계 3)**

| | |
|---|---|
| 생활 속에서 어떤 일이 발생하여 이 감정에 새로운 깨달음을 얻었는가? 현재 감정의 강도는 몇 점인가? (1~10점) | |
| 나 스스로 이 일과 관련된 어떤 새로운 생각이나 결론을 얻어냈는가? | |
| 이러한 상황이 다시 발생한다면 나는 어떻게 할 것인가? | |
| 이 부정적인 감정이나 방법이 다시 나타나는 것을 방지하기 위해 나는 무엇을 할 것인가? | |

이 감정이 반복적으로 나타날 때 중복해서 기록해보자.

# 트라우마는
# 올가미가 아니다

전쟁, 홍수, 지진, 화재, 항공 사고는 일반적인 경험과 수용 능력을 뛰어넘는 사건이다. 인간관계에서의 따돌림이나 무시, 육체적·정신적 학대는 회복할 수 없는 심리적 충격을 줄 수 있고, 강렬한 공포심, 홀로 남은 듯한 막막함, 통제 불가능과 위협 등은 트라우마를 갖게 할 수 있다.

트라우마의 과학적 연구는 위대한 진보를 보였다. 여러 방식의 트라우마 극복법이 나오면서 심리적 위안을 통한 치료법을 선보였다. 하지만 트라우마 치유에 대해서는 여전히 논란이 많다. 심리학자 아들러는 트라우마의 관점을 지지하지 않았으며 트라우마 자체가 존재하지 않는다고 생각했다. 과거에 발생한 어떤 사건, 혹은 과거에만 집착하는 것, 상처를 일반화하는 것이 꼭 좋은 것만은 아니라고 말했다. 나 또한 어떤 경험도 그 자체만으로 성공이나 실패의 원인이 되는 건 아니므로 스스로 의미를 부여하는 것이 옳지 않다고 본다. 상처를 극복하고 회복시킬 수 있고 성장으로 바꿀 수도 있다. 트라우마를 겪은 후 이전과 똑같이 선택할 수도 있고 새로운 방식을 선택할 수도 있다. 모든 것이 자신에게 달려 있다.

삶의 내면을 들여다보면 모든 인생이 어려움으로 가득 차 있다. 인생을 살면서 한 번도 상처받지 않을 수 있을까? 그것이 정상인가?

## 덧없는 인생에 대한 통제력 상실

한 지인이 '심리 타파, 다시 태어나기'란 교육에 참여했다. 이 교육은 폐쇄된 상태로 3일 동안 진행된다. 둘째 날 밤 프로그램은 '밧줄에서 탈출하기'다. 회의장 안의 모든 불이 꺼지고 참가자들은 눈을 가리고 손발이 묶였다. 강사는 서로 도와 30분 안에 밧줄을 풀어야 한다고 말했다. 순식간에 전체 회의장에 긴장감이 돌았다. 겁에 질린 사람들은 소리를 지르고 서로를 밀치며 난리법석을 피웠다. 그렇게 규정된 시간 안에 모든 참가자가 밧줄을 푸는 데는 성공했다. 하지만 불을 켜자 꼴이 말이 아니었다. 프로그램이 끝난 후 한 참가자는 눈물을 흘리며 이 프로그램이 과거의 고통스러웠던 경험을 생각나게 했으며 밧줄을 풀고 다시 살게 되었다고 말했다. 그러나 친구는 프로그램을 마치고 돌아온 후 계속 수면 장애로 힘들어했다. 암흑 속에서 소리 지르는 장면이 머릿속에서 떠나지 않아 악몽을 꾼다고 했다. 친구에게 트라우마 반응이 나타난 것이다.

러시아의 생리학자인 파블로프Ivan Petrovich Pavlov는 조건 반사 실험에서 '트라우마'를 발견했다. 1924년 큰 홍수가 났을 때 실험용 개는 케이지에 갇혀 있었다. 홍수가 났을 때 도망치지 못했고 개의 가슴까지 물이 차올랐지만 다행히 다음날 물이 빠졌다. 그 후 개는 케이지를 열면 가만히 누워 있거나 사람을 물어뜯는 광기를 보였다. 움직이지 않고 가만히 있는 것이나 통제 불능에 가까운 공격은 전형적인 트라우마 반응이다.

홍수가 났을 때 개는 치명적인 재난 앞에서 움직일 수 없었다. 내 친구가 손발이 묶인 채 어둠 속에서 밟히고 밀린 것처럼 말이다. 철저히 통제감을 상실한 채 맞이한 상황에서 자신은 아무것도 할 수 없고 스스로 구할 수 없다는 자괴감이 정신을 파괴했다.

관계는 통제력 상실감에 처방되는 좋은 약이다. 제2차 세계대전 당시 런던은 계속되는 폭격을 겪었다. 사람들은 아이들을 보호하기 위해서 런던에서 멀리 떨어진 농장에 데려다놓았다. 수천 명의 아이가 폭격을 피해 멀리 떨어진 농장에 옮겨졌고, 또 다른 수천 명의 아이는 부모와 함께 폭격의 위험을 감수하고 런던에서 지냈다. 전쟁이 끝난 후 안나 프로이트Anna Freud는 폭발 지역에서 멀리 떨어진 외곽에서 생활한 아이들과 부모와 함께 런던에서 지낸 아이들을 비교 연구하였다. 결과는 놀랍게도 부모와 함께 지낸 아이들이 받은 충격은 교외에서 지낸 아이들보다 적었다. 전쟁의 실질적인 위험은 더 컸지만 부모와 함께 있으니 관계의 지지를 받아 더 안전하게 느꼈던 것이다.

상황에 대한 통제력 상실은 트라우마를 유발하는 핵심 요소이다. 이동할 수 있고 도망칠 수 있고, 어떤 행동이라도 할 수 있는 상황이라면 트라우마로 남을 가능성은 적어진다. 따라서 재난이 발생했을 때 응급 구조 시스템이 작동해 음식과 약품을 전달하고 임시 거주지를 마련해주며 구조대원이 현장으로 달려가는 조치는 통제감 회복을 위한 최선의 행동이다. 사람들의 지지와 도움을 받음으로써 야전병원에서도 춤을 추고 지진의 폐허 위에서도 장기를 둔다. 재난 앞에서 운명을 다시 그들의 손에 쥐여주는 것이 가장 좋은 심리적 위안이다.

## 고통의 순간에 머물지 마라

트라우마가 정신세계에 남기는 자국은 '고통'이다. 트라우마를 겪은 사람은 경계심, 플래시백, 악몽, 불면증으로 고통받는다. 해리Dissociation 증상을 보이는 사람도 있다. 항상 멍해 있고, 정체성 장애를 보이는가 하면 자신의 이름까지 잊기도 한다. 종종 기질성 병변이 아닌 신체 증상과 관련된 만성 난치성 질환을 보이기도 한다.

고도의 긴장은 위험을 경계하며 충격, 분노, 공격적 행동을 보인다. 외부의 세계는 위협적이고 언제 닥칠지 모를 위험과 본능적으로 싸워야 한다고 생각한다. 잘 먹지도 자지도 못하고 평정을 되찾지 못하여 약물중독에 빠지거나 자해와 자살까지 이어지기도 한다.

위험은 지나갔지만 뇌리에 박힌 장면은 쉽게 지워지지 않는다. 트라우마를 겪은 사람은 그 일이 반복해서 상기된다. 비슷한 일에서도 그때를 떠올리며 두려워한다. 그의 시간은 사건이 일어났던 그 시간에 멈춰 있다. 그 일이 머릿속에서 떠나지 않고 강렬한 감정만 재현된다.

그런데 엄청난 재난과 위험에서 '평온'한 모습을 보이는 사람은 간과되기 쉬운 피해자이다. 그들은 이상하리만큼 침착하다. 공포, 분노와 고통이 존재하지 않는 것처럼 보인다. 충격이 너무 강렬하면 마음을 설명할 수 없고, 강렬한 감정이 순간적으로 굳어져 언어 기능을 상실하게 만든다. 이러한 피해자는 시간 감각도 잃고 해리 상태가 되거나 긴 우울증에 빠지기도 한다.

급성 스트레스성 반응은 효과적으로 지지받고 개인의 심리 기능도 온전하다면 보통 3일에서 한 달 이내에 완화되다 사라진다. 증상이 1개월 이상 지속된다면 피해자는 외상 후 스트레스 장애PTSD 진단을 받는다. PTSD는 보통 3개월에서 6개월 사이에 회복된다. 1년, 20년, 50년 심지어 죽을 때까지 회복되지 않는 것을 복합 PTSD라고 한다. 복합 PTSD는 자신을 평가절하하고 무가치하다고 여기는 자아인지 파괴가 나타난다. 아동기에 트라우마를 겪은 사람은 마음에 통제력 상실의 씨앗이 있어 현실적 재앙에 쉽게 지나치지 못한다.

양육자가 외상 후 스트레스 장애를 가졌다면 아이에게 전달될 수 있다. 또한 그 영향이 다음 세대에 그치는 것이 아니라 그다음 세대에까지 대물림되기도 한다. 많은 역사적 사건이 여러 세대에 걸쳐 영향을 주었다. 역사의 기억, 집단의 기억, 가족의 기억이 대대로 전해지는 것이다. 트라우마는 사람을 과거의 거센 물결에 좌초시키고 그의 정신세계를 '연옥'으로 떨어뜨린다.

샹린댁은 루쉰의 소설 《축복祝福》에 나오는 인물이다. 남편을 잃은 샹린댁은 시어머니가 자신을 팔아넘기려고 하자 밤새 도망쳐 친척집에서 식모살이를 한다. 그러다 시어머니에게 잡혀 모르는 남자와 다시 결혼한다. 그 남자는 좋은 사람이었지만 병이 들어 죽고 아들도 늑대에게 물려 죽는다. 계속된 충격은 그녀에게 커다란 트라우마를 남겼다.

"난 정말 바보예요. 바보." 샹린댁은 사람들만 만나면 이렇게 얘기했다.

"눈이 오면 산에 늑대들이 먹을 것이 없으니 마을로 내려오지만 봄에도 그럴 줄은 몰랐어요." 마을 사람들은 처음에는 이야기를 들어주며 함께 눈물도 흘려주었다. 하지만 계속 반복되자 인심 좋았던 노파들도 눈물 한 방울 보이지 않았다.

"난 정말 바보예요. 바보." 샹린댁은 아들을 잃은 그 봄에 멈춰 있었다.

트라우마의 기억은 조각난 경험과 깨진 영상 혹은 일부 감각, 소리, 장면, 냄새가 하나의 자극으로 작용한다. 하지만 과거의 사건과 온전히 연결될 방법이 없다. 샹린댁에게 '봄에도 늑대가 나타난다'와 '나는 정말 바보'처럼 깨진 생각이 반복적으로 나타나는 이유이다. 사건 전체의 '원형'을 환원시킬 수는 없기에 과거와 완전히 이별을 고할 수도 없다. 어쩔 수 없이 고통에 시달리게 된다.

프랑스의 심리학자 피에르 자네Pierre Janet는 "트라우마를 잘 돌볼 수 없고 과거로 되돌릴 수 없다면 새로운 것을 접하기 어렵다."라고 말했다. 트라우마를 겪을 때 대뇌의 전두엽 기능이 꺼진다. 전두엽은 명쾌한 사고를 돕고 미래를 계획하며 행동에 따른 결과를 생각하도록 돕는다. 인격은 트라우마가 발생하는 순간 잠시 멈춘다. 현대 트라우마 치유 기술은 표현, 재경험, 폭로, 안구운동 둔감화 및 재처리Eye Movement Desensitization and Reprocessing, EMDR, 인지 조정의 방법으로 피해자가 과거의 경험을 '잘 돌봐' 과거로 돌아갈 수 있게 돕는다. 여기서 자아의 에너지를 회복해야 사람은 현재로 돌아오고 다시 미래로 나아간다. 삶이 진행되고 나아가려면 상처는 반드시 과거에 남겨두어야 한다. 새로운 가능성을 생각해내야 상황이 다르게 변할 수 있다.

영화 〈인생은 아름다워〉는 제2차 세계대전을 배경으로 한다. 유대인 아버지 귀도는 아들 조수아의 다섯 살 생일날 아들과 함께 나치 수용소에 갇힌다. 귀도는 아들의 순수한 마음에 상처를 주지 않기 위해 아들을 속인다. 무자비한 수용소 생활을 '단체 게임'이라고 속이고 게임의 규칙을 잘 지키면 상으로 진짜 탱크를

준다고 했다. 배고픔과 두려움, 외로움과 열악한 환경을 참아내고 매일 밤 모두가 잠든 후에 그날의 '게임 점수'를 매기고 아들이 계속 잘 지켜가도록 격려했다. 어느덧 전쟁이 끝나갈 즈음 귀도는 마지막으로 조수아를 창고에 숨겨두고 절대 나와서는 안 된다고 당부한다. 이것이 게임의 마지막 관문이며 게임에서 우승하고 싶다면 아침이 될 때까지 절대 아무 소리도 내서는 안 된다고 한다. 귀도는 그날 밤 총에 맞아 숨을 거둔다. 날이 밝자 밖으로 나온 조수아의 눈앞에 미군 탱크가 다가온다.

조수아는 엄청난 재난을 겪었다. 하지만 아이의 마음은 상처받지 않았다. '통제감 상실'이나 '공포', '폭력', '죽음에 대한 위협'이 전혀 나타나지 않았기 때문이다. 아버지는 자신의 최선을 다해 아들에게 '아름다운 인생'을 마련해주었다.

트라우마는 우리의 정신세계를 망가뜨려 우리를 생명의 폐허에 가두지만 사랑과 상상력은 이 폐허 위에서 새로운 미래를 건설하도록 돕는다.

## 반복 강박의 숙명

"나는 언제나 같은 사람에게 끌리고, 그때마다 상처받는다."

"나는 모든 직장에서 강압적인 상사를 만나고, 나쁜 인간

관계를 맺는다."

"나는 항상 중요한 순간에 일을 망친다."

'숙명'은 징크스와 같다. 이러한 숙명을 영국의 정신분석학자인 어니스트 존스Ernest Jones는 '반복 강박Repetition Compulsion'이라고 했다. 초기 경험과 상황에 대해 맹목적인 반복은 개인이 이득을 얻을 수 있는지 따지지 않고, 반복으로 인한 것이 기쁨인지 고통인지도 따지지 않는다. 개인은 이러한 행위의 폐해가 얼마나 큰지, 또는 얼마나 치명적인지 아랑곳하지 않고 반복하도록 강요당했고 의지는 무력했다.

프로이트는 1920년 저서 《쾌락 원칙을 넘어서Beyond the Pleasure Principle》에서 "트라우마를 제대로 소화하지 못하면 억눌린 것이 현재의 경험으로 반복될 수밖에 없다."라고 했다. 아이는 엄마가 방을 나가면 자신이 좋아하는 장난감을 침대에서 내던진다. 다시 달라고 칭얼거리면서 그 과정을 반복한다. 프로이트는 아이가 장난감을 엄마의 대체품으로 여긴다고 생각했다. 장난감을 버리고 얻는 것은 엄마의 이탈로 인한 상처를 반복하는 것이다. 자신이 통제할 수 없는 엄마의 이탈을 통제 가능한 행위로 만들고 싶어 하는 바람이다. 사람은 트라우마를 겪는 순간 압도적인 힘에 파묻혀 통제감을 잃고 외로움을 느낀다. 이런 미완의 경험은 특수한 '활성화 메모리'에 저장된다. 이후 끊임없는 '재현'과 '재통제'로 그 기억을 끝내려 한다. 반복은 단지 되돌리기 위한 선택일 뿐이다.

아동기의 트라우마는 무의식에 깊게 뿌리내려 심리적 강박으로 '좌절'을 불러오고 발달을 후퇴시킨다. 현실에서는 어린 시절과 유사한 고통과 콤플렉스를 반복한다. 하지만 이는 다른 각도에서 보면 어린 시절의 트라우마를 치유하려는 본능적인 노력이다.

왜 심각하고 강렬한 경험을 만드는 사람과 만나고 비슷한 상황에 매료되어 자신도 모르게 애증의 관계를 맺게 되는 것일까? 이를 되새겨보면 트라우마의 기억이 즐거움이나 고통의 깊은 감정이 교차하는 과정에서 과거의 원한을 달래고 보상을 얻어 통제감을 회복하려는 것이다. 하지만 이러한 노력은 대부분 실패로 끝이 난다. 실패는 또 한 번 자신을 자극하고 계속 반복하도록 채근한다. 되돌리고 회복하려는 노력은 왜 실패할까?

한 소녀는 불행한 어린 시절을 보냈다. 그녀의 아버지는 술주정뱅이에 시도 때도 없이 가족을 폭행하고 습관처럼 외도를 일삼았다. 소녀가 어른이 된 후 선택의 자유를 누릴 수 있게 되었을 때 놀랍게도 책임감도 없고 술주정뱅이며 친절하지도 않은 남자친구를 만났다. 이에 소녀는 심리상담사를 찾았고 조금씩 답을 찾아갔다.

그녀의 아버지에 대한 감정은 사랑과 증오가 뒤섞여 있었다. 아버지는 본래 착한 사람인데술주정과 폭력은 뜻대로 되지 않는 답답한 심경일 때 폭발하는 것이라고 이해했다. '내가 좀 더 잘했다면, 내가 아버지를 더 사랑했다면 아버지는 분명 좋아졌을 텐데.'라고 생각했다. 그리고 무의식에서 자신이 아버지를 구할 수 있기를 갈망했다. 이러한 갈망이 아버지와 매우 닮은 남자친구에게 이입된 것이다. 그래서 그녀는 편집증에 가까울 정도로 남자친구를 위해 희생했다. 나쁜 행동에도 참고 잘하는 그녀는 남자친구의 행동을 더욱 악화시키는 동기가 되었다.

'자책'은 피해자들이 자신이 통제력을 갖고 있다고 느끼게 한다. 상처의 원인을 '나'로 돌림으로써 '나 자신의 문제만 해결되면 이런 일이 다시는 일어나지 않을 것'이라는 통제감을 구현한다. '구제 욕구'는 상상 속의 통제감을 부추긴다. 다른 남자친구를 만나면 새로운 스타일에 적응해야 한다. 내면이 매우 불안한 사람은 이로 인해 자신의 통제감을 잃게 될까 봐 두려워한다. 불확실한 미래가 더욱 불안을 가져오므로 스스로 통제가 가능하다고 생각하는 방식으로 살아가기 원한다. 그 결과 애쓰면서 비극을 거듭하고 트라우마를 반복할 수밖에 없다.

회복되기 위해서는 '노력'이 아니라 '방치'가 필요하다. 통제를 좇기 위해 더 노력하지 말고 트라우마를 일으킨 인지와 행동 방식을 버려야 한다. 인과를 깨야 다시는 돌아가지 않는다.

### 스스로 생명을 구하는 힘, 트라우마

아기코끼리는 서커스단에서 태어났다. 장난꾸러기 아기코끼리는 여기저기 뛰어다니고 싶었지만 다리가 가느다란 쇠사슬에 묶여 있어 그 범위 안에서만 움직일 수 있었다. 아기코끼리는 쇠사슬을 벗어나려고 발버둥쳤다. 하지만 성공하지 못했다. 한 번 또 한 번, 아기코끼리는 아무리 애를 써 봐도 쇠사슬을 풀 수 없었다. 아기코끼리는 무기력하게 벗어나려는 노력을 멈출 수밖에 없었다. 아기코끼리는 쑥쑥 자라서 힘도 세졌다. 이젠 이 작은 쇠사슬을 끊는 것은 일도 아니었다. 하지만 쇠사슬을 절대 끊을 수 없다고만 생각했다. 무기력한 심리 암시가 이미 마음속 깊이 박혀 있는 것이다.

'학습된 무기력Learned Helplessness'은 1967년 미국의 심리학자 마틴 셀리그만Martin Seligman에 의해 밝혀졌다. 개를 케이지에 가두고 버저가 울리면 전기 충격을 주었다. 케이지에 갇힌 개는 전기 충격을 피해 도망칠 수 없었다. 여러 차례 실험을 진행한 후 연구원들이 버저를 울리고 전기 충격을 가하기 전에 케이지의 문을 열었다. 하지만 개는 도망가지 않았다. 버저가 울리자 먼저 쓰러져 신음하고 떨기 시작했다. 개는 도망갈 수 있었는데도 절망적으로 고통이 닥치도록 내버려두었다. 이것이 바로 학습된 무기력이다.

트라우마가 부르는 또 하나의 문제가 바로 '학습된 무기력'이다. 암흑의 순간을 경험한 사람은 다른 가능성을 보지 못한다. 인생을 살다 보면 캄캄한 길을 만나게 마련이다. 하지만 이때 손발 들고 그대로 투항해서는 안 된다. 생명은 불가사의한 치유력을 지녔고 포기하지 않는 한 트라우마는 삶이 주는 덤이라는 사실을 믿어야 한다.

무대 위에서 자유분방한 연기로 관중을 사로잡던 코미디의 거장 중에는 예민하고 우울했던 사람이 많다. 어느 예술가와 철학자가 고통을 겪지 않았을까? 위대한 작품은 고통에서 나온다. 어떤 사춘기 소년이 막막한 길을 걷지 않았을까? 세상의 모든 사랑은 웃음과 눈물로 완성된다. 지진, 홍수, 전염병의 고통은 오히려 힘겹게 행복의 소중함을 일깨운다. 모든 마음의 고통이 생명의 지혜와 잠재력을 불러일으킬 수 있다.

"삶은 늘 우리를 상처투성이로 만들지만, 나중에는 상처받은 곳이 가장 강해질 것이다."

헤밍웨이의 말처럼 '트라우마'는 스스로 생명을 구할 '힘'이다.

### 트라우마를 이성적으로 바라보다

자신의 트라우마를 드러내는 사람은 없다. 나약한 면이라고 여기거나 자신을 보호할 능력이 없다고 인정하는 것처럼 보이기 때문이다. 또한 심리 문제에 대한 사회적 인식이 부족한 것도 이를 부추긴다. 심리 문제는 곧 정신적으로 문제가 있는 것으로 생각하는 경향이 있다. 이때 글쓰기는 안전한 자아 표현 방식으로 치유의 가능성을 높여준다.

글쓰기가 심리 치료에 활용되기 시작한 것은 1980년대에 이르러서다. 제임스 페니베이커는 그의 제자 산드라 벨과 함께 트라우마 글쓰기에 관한 연구를 진행했다. 감정을 글로 쓴다고 당장 정서적 이완이나 쾌락으로 전환되지는 않는다. 하지만 장기적으로는 심리적 불안정 문제로 건강센터를 찾는 비율이 낮아졌다. 글쓰기를 한 후 몇 주, 몇 개월 안에 그들의 우울감이나 생각을 반추하는 정도가 줄어들었으며 불안한 정서도 줄었다. 글쓰기 과정이 주는 전체적인 행복감은 커졌다. 이후 오하이오주 마이애미 대학의 실험실, 뉴질랜드의 오크랜드의학대학 및 기타 여러 기관에서 감정 글쓰기가 면역 기능 강화와 관련이 있다고 밝혔다.

물론 사람마다 트라우마를 남긴 사건에 느끼는 스트레스는 다르다. 개별적 심리 수용 능력에도 차이가 있다. 글쓰기 과정에서 감정 상태를 조절하기 어렵다면 나는 멈추라고 조언한다. 준비가 덜 되었다면 억지로 마주하지 않아도 된다.

심각한 트라우마 사건을 겪었다면 전문가의 도움을 받아야 한다. 개인의 심리적 문제가 얼마나 심각한지에 대한 평가는 고통의 정도, 사회적 기능의 손상 정도(정상적으로 출근하고 등교했는지, 사람들과 평상시처럼 어울렸는지), 증상의 지속 시간 등 3가지 차원으로 이루어진다. 과식이나 금지된 식품, 약품의 복용, 자신을 해치는 행위는 절대 해결책이 될 수 없으므로 즉각 중단해야 한다.

트라우마를 보는 것은 생명에 대한 자각이고, 트라우마를 마주하는 것은 인생에 대한 무거운 수용이다. 트라우마를 용서하는 것은 위대한 자비이다. 트라우마에서 자신을 구하는 것이 불안감을 해소하는 근본적인 해결책이다.

# 스스로 하는 글쓰기 연습_ **통합 캘린더**

트라우마의 그늘에서 벗어나는 효과적인 방법은 내면의 변화를 관찰하고 확인하는 것이다. 이 책에 소개된 여러 방법에 따라 꾸준히 감정을 표현하고 분출하면 트라우마 치유에 도움이 될 것이다. 평정심을 찾은 정서는 자기 통제가 가능하도록 해준다.

굵직한 현실의 사건을 계속 기록하자. 깨달은 점을 쓰는 것은 현실과 내면의 통합을 이루고 깨진 감각을 회복하도록 도와준다. 변화에 대한 지속적인 기록과 확인은 시간의 연속성에 대한 감각을 갖게 한다. 자신의 연속감(표14-1)을 강화할 수 있다.

**포르티아 넬슨(Portia Nelson)의 다섯 연으로 된 짧은 자서전**

1.
난 길을 걷고 있었다.
길 한가운데 깊은 구멍이 있었다.
나는 그곳에 빠졌다.
난 어떻게 할 수가 없었다.
그건 내 잘못이 아니었다.
그 구멍에서 빠져나오는 데 오랜 시간이 걸렸다.

2.

난 길을 걷고 있었다.

길 한가운데 깊은 구멍이 있었다.

난 그걸 못 본 체했다.

난 다시 그곳에 빠졌다.

똑같은 장소에서 또다시 빠진 것이 믿어지지 않았다.

하지만 그건 내 잘못이 아니었다.

그곳에서 빠져나오는 데

또다시 오랜 시간이 걸렸다.

3.

난 길을 걷고 있었다.

길 한가운데 깊은 구멍이 있었다.

난 미리 알아차렸지만 또다시 그곳에 빠졌다.

그건 이제 하나의 습관이 되었다.

난 비로소 눈을 떴다.

난 내가 어디 있는가를 알았다.

그건 내 잘못이었다.

난 얼른 그곳에서 나왔다.

4.

내가 길을 걷고 있는데

길 한가운데 깊은 구멍이 있었다.

난 그 둘레로 돌아서 지나갔다.

5.

난 이제 다른 길로 가고 있다.

**표14-1 통합 캘린더 예시**

| 시간 | 주요 감정 상태와 내면의 깨달음 | 중대한 현실 사건 | 자신에게 칭찬하기 |
|---|---|---|---|
| x월 x일 | 감정 일기나 다른 메모 내용 중 내면의 상태, 깨달음의 요점을 기록한다. | 중대한 현실 사건, 특히 트라우마 경험과 관련된 사건을 발췌한다. 사건만 쓰는 것이 아니라 조건의 변화도 표시한다. | 자신이 잘한 점, 어려움을 극복한 것이나 발전한 부분을 기록한다. |
| …… | 세 가지 깨달음 | 한 가지 좋은 일 | 한 가지 작은 상 |
| 주 결산 | | | |
| x월 x일 | | | |
| 주 결산 | 세 가지 깨달음 | 한 가지 좋은 일 | 한 가지 작은 상 |
| 월 결산 | 세 가지 감사 | 한 가지 작은 도약 | 한 가지 작은 결정 |

# 자유에는 책임을 덧대야 한다

쥬세페 토르나토레 감독의 영화 〈피아니스트의 전설The Legend Of 1900〉은 한 사람의 생을 이야기한다. 유럽과 미국을 오가는 버지니아호에 버려져 평생 바다 위에서 살아온 천재 피아니스트, 세상을 두려워한 그는 결국 배와 함께 바닷속으로 가라앉는다.

1900년, 배의 석탄 노동자인 데니는 우연히 1등석 피아노 위에 버려진 갓난아기를 발견한다. 데니는 아이에게 '나인틴 헌드레드'라는 이름을 지어주고 호적도 국적도 없이 망망대해 위 배를 생명의 요람으로 삼았다. 나인틴 헌드레드는 독학으로 피아노를 연주해 모두를 놀라게 했고 소문을 듣고 더 많은 승객이 몰려

들었다. 그러다 트럼펫 연주자 맥스가 같이 연주를 하면서 친한 친구가 되었다. 그는 나인틴 헌드레드에게 배를 벗어나 세상으로 나가 그의 천부적인 재능을 펼치라고 조언한다. 하지만 나인틴 헌드레드는 쉽게 배를 떠나지 못하는데 한 소녀를 보고 반해 처음으로 버지니아 호를 떠나겠다고 마음먹는다.

어느 날, 사람들과 작별 인사를 하며 유람선에서 내리던 그 순간, 그는 낯선 도시, 미지의 사회를 생각하다 결국 새로운 인생을 포기하고 다시 버지니아호로 돌아간다. 일과 사랑 모두 그를 현실의 땅으로 이끌지 못했다. 그는 평생 운명의 바다 위에서 맴돌다 버지니아호와 함께 바닷속으로 가라앉는다. 그가 사랑하는 사람을 위해 만들었던 음반만이 낡은 악기를 사들이는 상인에 의해 현실 세계로 인도되었다.

이처럼 일생을 살았지만, 현실에서는 태어나본 적이 없는 사람도 있다.

## 한 차례씩 분리되면서 독립하다

인생의 독립은 분리되면서 완성된다.

첫 번째 분리는 출생이다. 사람이라면 누구나 생명으로 태어나며 육체적으로 어머니의 몸에서 분리된다. 하지만 정신세계는 혼돈 그 자체다. 조산이나 순조롭지 않은 출산 과정, 신생아기 때 겪는 큰 질병은 모두 심리 발달에 영향을 미친다. 별 탈 없이 태어난 신생아가 잘 자고 잘 먹고 충분한 보살핌을 받으면 안전한 세계에 잘 안착한다. 이것은 그 아이가 일생을 살아가는 데 정신 발달의 시작점이 된다. 영화 〈피아니스트의 전설〉에서 나인틴 헌드레드의 경우 태어나면서부터 버려졌다. 어머니의 품을 떠나 차가운 요람에 담겨 피아노 위에 놓였다. 그는 피아노 연주로만 자신의 정신세계를 확장시킬 수 있었을 뿐 현실로 나아갈 수 없었다.

두 번째 분리는 0~3세에 이루어진다. 자아의식이 형성되는 시기이다. 영아는 자라면서 자신을 발견한다. 첫째, 자신의 정신세계가 엄마와 하나가 아니라는 것을 알게 된다. 거울을 보면서 자신의 몸을 사용하는 법을 배우고 아는 사람과 모르는 사람을 구별할 줄 알게 된다. 둘째, 아기의 개체 감각이 강화된다. 아기는 걸음마를 배우고 부모의 품에서 벗어나 독립적으로 세상을 탐구한다. 스스로 우유를 마시려 하고 혼자서 신발을 신으려고 하며 장난감을 자기 뜻대로 진열하려 한다. 쉴 새 없이 '아니'라고 말하며 자신이 원하는 바를 얻기 위해 바닥에 구르며 떼를 쓰기도 한다. 이것이 모두 '나'를 찾는 감정이다. 마지막으로 아기는 '대상 항상성Object Constancy' 문제를 해결하려 한다. 아기는 객체가 어떤 상황에서 보이지 않거나 만져지지 않고 감지되지 않더라도 여전히 존재한다는 것을 깨닫는다. 부모가 사라질까 봐 두려워하지 않고 부모의 시선에서 벗어나게 된다. 정서적으로 부모의 의존을 낮춘 아이들은 분리 불안 없이 순조롭게 유치원에 들어간다. 양육자가 아이를 돌볼 때 중심을 잡지 못하면 아이 내면에 안정적인 객체 이미지를 만들지 못해 분리에 대한 불안감이 커진다. 양육자의 과도한 통제나 과보호도 정신적 의존도를 높여 아이는 부모를 떠날 수 없다고 느낀다. 양육자가 경계를 상실하여 과도하게 아이의 정신세계를 침범하면 부모와 경계를 구분하지 못해 독립적인 자아의식을 형성하지 못한다.

세 번째 분리는 사춘기 때 "나는 내가 될 거야!"로 표출된다. 사춘기가 되면 부모와 외출하려 하지 않고 허락 없이 자기 방에 출입하는 것을 막는다. 일기장은 숨겨둔다. 자신만의 비밀이 생기지만 부모에게 감정을 모두 털어놓지 않는다. 가치관 설정도 부모의 가치관에 얽매이지 않는다. 이것이 인식의 독립이다. 자신의 견해와 관점을 강조하며 주장을 강하게 어필한다. 정신적인 독립으로 '나는 도대체 누구인가?'를 생각하며 부모와 평행관계를 맺기 시작한다.

그들은 독립적인 판단 기준으로 자기 문제를 스스로 해결해보기를 원한다. 부모의 지도와 계획에서 벗어나 의존하는 형태가 아닌 독립의 길을 걷고자 한다. 다만, 독립을 원하면서도 분리되지 못해 도움을 구하고 자력의 한계를 느껴 좌절하는 모순으로 가득 차 있다. 지혜로운 부모는 그때그때 밀고 당기기를 하면서 아이의 독립을 추진하고 분리를 감내한다.

정신적으로 독립하려면 두 가지 힘을 얻어야 한다. 하나는 양육, 포옹, 감정과 관련된 영양분이다. '모성의 힘', 또는 '엄마력'이다. 또 다른 힘은 규칙, 질서, 외부에 대한 탐색과 관련 있다. 이는 아버지가 담당하는 부성의 기능이고 '아빠력'이다. 모성 기능과 부성 기능은 서로 다른 힘이자 에너지다.

물론 모성 기능을 어머니만이 제공할 수 있는 것은 아니다. 부성 기능 역시 아버지만 발휘하는 것이 아니다. 독립된 부모는 내면에 이 두 가지 힘을 동시에 가지고 있다. 다음과 두 가지 장면을 상상하면 이해가 쉽다. 어머니의 품에 안긴 아이가 서로 따스한 눈빛으로 바라본다. 이것은 엄마력이다. 아이의 손을 잡은 아버지가 가리키는 방향을 함께 바라본다. 이것이 아빠력이다. 어머니의 품과 눈길, 아버지의 보호와 인솔이 아이를 현실 세계로 나아가게 돕는다.

### 엄마력, 꼭 알맞은 사랑

중국에 심리학 이론이 들어오는 시점에서 서양의 양육 개념이 유행했다. 대표적인 예가 '무조건적 사랑'이다. 여러 교육기관에서 이 개념을 전파하며 강조했다. 하지만 무조건적 사랑이 무엇인지, 어떤 상황에서 아이에게 무조건적 사랑을 줘야 하는지, 과연 무조건적 사랑이라는 것이 존재하는지 제대로 아는 사람은 드물다.

무조건적 사랑은 인본주의 심리 치료의 개념으로 '무조건적 긍정적 관심unconditional positive regard'에서 비롯되었다. 미국의 심리학자 칼 로저스는 무조건적 긍정적 관심이라는 치료 개념을 제시했다. 심리상담가가 긍정의 태도로 내담자를 대해야 하며 그들의 긍정적인 면과 밝은 면을 이용하여 변화를 이끌도록 도와야 한다는 것이다. 상담 과정에서 평가하지 않고 내담자에게 조건 없는 따뜻함과 수용을 보여 자신을 가치 있는 사람이라고 느낄 수 있도록 돕는 것도 포함된다. 이 치료의 개념이 아이에게 무조건적 사랑을 준다는 것으로 단순하게 해석되어 활용되는 것이다.

아이의 자아인지에는 사랑의 관개灌漑가 필요하다. 아이의 마음에 사랑을 공급해주어 에너지가 흐르게 해야 한다. 그로 인해 아기는 자신이 초인적이고 세상을 얻을 수 있다고 생각한다. 그러나 걱정할 필요는 없다. 아이가 사회적 활동을 하며 '원하는 대로', '이상화'하는 전능감을 천천히 줄여가며 성장한다. 적절한 좌절, 적절한 응원이 아이를 건강하게 성장시킨다.

아이가 스스로 발걸음을 옮길 수 있도록 적당할 때 손을 놓아주는 것이 적절한 지지이다. 아이가 넘어질까 봐 보행기에 태우고, 목에 걸릴까 봐 음식을 잘게 갈고, 추울까 봐 옷을 덧입혀주고, 힘들까 봐 집안일을 시키지 않는 것은 아이가 독립할 힘을 박탈하는 것이다. 사랑은 무조건적이지만 주는 것은 조건이 있다. 발달 과정에 따라 양육자가 기준과 자세를 지혜롭게 파악해 적절한 지지를 보내야만 한다.

'무조건적 사랑'은 어머니에게도 스트레스로 다가와 감정을 억누르고 지나치게 자신을 희생시키는 결과를 초래한다. 이러한 억압은 엄마가 아이에게 과도하게 기대하고 자신과 아이의 경계를 혼동하며 통제하게 만든다. 엄마도 자신을 돌보면서 자연스럽게 사랑이 일어나도록 해야 한다.

### 아빠력, 방목을 거부하다

이제까지 '방목'은 잘못 해석되었다. 유치원에 가기 싫다는 아이에게 부모가 "그럼 가지 마."라고 하고 숙제를 해야 하는 아이에게 "그건 중요하지 않아."라고 한다. 교사는 아이들에게 정상적인 수업 질서를 유지하며 규칙을 지키라고 요구한다. 그런데 이런 문제로 학부모가 교사를 고소하는 일이 발생하고 있다. 방목은 방임이 아니고 그렇다고 아이의 방종을 묵과하는 것도 아니다. 천성을 해방한다고 절대 규율 없이 제멋대로 굴도록 해서는 안 된다. 질서감을 키우는 중요한 시기에 규칙과 어울리는 법을 배우지 못하고 예절과 규범을 모른 채 '아무런 구속도 없이 자유롭게' 놔둔다면 그 피해는 더 심각해진다.

규칙은 '보호'이며 내면의 '안정감을 형성'하는 원천이다. 천지만물에는 도리가 있다. 아이가 두 살이 되면 질서를 안다. 이때부터 아이의 자아의식도 분명해진다. 부모는 아이에게 울타리를 쳐주는데, 울타리 밖은 '위험'하고 울타리 안쪽은 자유롭게 놀 수 있는 공간이다. 이 울타리가 바로 규칙이다. 그러나 아이가 바닥에 뒹굴며 "싫어! 싫어!"를 외치기 시작할 때 어떻게 규칙을 알게 할지 고민해야 한다. 폭력으로 가르칠 것인가, 무조건 내버려둘 것인가? 철저하게 억누를 것인가, 절제된 거부와 함께 부드럽고도 단호하게 원칙을 가르칠 것인가? 이런 질문을 하며 부모와 아이가 교감할 때 규칙을 대하는 태도가 형성된다.

규칙과 질서는 자율과 책임감을 형성하는 데 매우 중요하다.

숙제를 빨리하지 못하고 꾸물거리는 아이는 숙제와 관련된 '규칙'을 제대로 세우지 않고 자라 올바른 습관과 책임감을 기르지 못한 탓이 크다. 규칙과 질서는 책임에 대한 부담은 스스로 해야 할 일의 기준을 세워준다.

많은 부모는 삶에 얽매여 있다. 업무나 일상에서 심한 압박감을 받는데 양육까지 해야 하는 막중한 책임을 지고 있어 그 무게감이 심히 버겁다. 여기서 벗어나려는 자기 의지를 아이에게 자유를 줌으로 해소하려 한다. 그러나 부모는 아이를 적절하게 풀어놔야 한다. 창의력, 상상력 부분에서는 온전히 풀어주고 탐구심과 취미도 자기표현과 독립심도 풀어놓는 것이 좋다. 하지만 이것 또한 강한 자율과 책임감에 기초해야 한다.

### 명확한 역할은 현실로 돌아오는 노력

역할은 사회학 개념으로 사회관계의 규칙이 만들어낸 결과물이다. 학업의 책임을 지지 못하면 학교 규칙에 적응할 필요가 없다. 학교를 졸업한 청년이 역할 전환을 제대로 하지 못해 직장의 규칙에 적응하지 못하면 스트레스를 받는다. 많은 여성이 '자기 역할'과 '엄마의 역할'의 충돌로 산후 우울증을 겪는다.

많은 사람이 "나는 나 자신이 될 거야!"라고 외친다. 자신이 되는 것은 하나의 자아 상태가 된다는 말이다. 하지만 역할은 당신이 누구이고, 되고 싶은 사람은 무엇인지를 가리킨다. 사회의 규칙에 합류할 때 가능한 일이다.

역할의 책임과 의무는 법규와 규제가 정의한다. 도덕과 공서양속公序良俗의 제약도 받고 문화의 영향을 받는다. 회사마다 약속된 기업 문화도 있다. 직원의 기초적인 권리와 의무는 계약법, 근로기준법, 사규에 따른다. 이런 제약에서 벗어나 자신의 역할을 정의하는 것은 불가능하다.

온라인 문학 플랫폼은 작성자가 익명으로 작품을 발표하도록 사전심사 절차를 단순화하고 신원을 공개하지 않는다. 익명이 자유로운 창작 활동을 보장해주어 현실적 신분의 짐을 내려놓을 수 있다. 하지만 익명이 선을 넘는 언행을 용인하고 긍정적인 가치관과 에너지를 유지하려는 질서를 파괴해서는 안 된다. 자유에 대한 책임은 실과 바늘처럼 따라다닌다.

### 역할은 어떻게 관계의 영향을 받는가

현대 사회는 권위적 관계에 많은 변화가 발생했다. 종업원은 더 많은 발언권을 부여받았고, 아이와 부모 사이도 더 평등해졌다. 사회관계가 동적으로 변하는 과정에서 사회적 역할의 적응력은 중요한 심리적 기능이 된다. 이상적인 관계 경영을 선택해야 자신의 역할이 더 편하고 즐거워진다. 더 멋진 자신이 될 때 자신과 관계, 세계를 바꿀 힘이 생긴다.

사람과 사람의 관계는 거리감에 따라 서로 다른 작용과 원칙을 가지고 있다. 가장 가까운 거리는 친밀한 신뢰 관계, 자신과 거리가 멀어질수록 사회적 관계가 된다. 친밀한 관계는 밀접한 사적 연결이다. 서로를 깊이 알고 인지함으로 서로 좋아하며 애착이 있다. 정서적, 정신적 지지를 기반으로 서로에게 더 많은 사적 공간을 개방한다. 마음 깊은 생각, 감정, 나아가 도덕, 성과 관련된 사생활이나 감정도 마음 놓고 드러낸다. 친밀한 관계로 발전하려면 많은 시간(며칠, 몇 시간이 아니라 아마도 몇 개월, 몇 년 정도)이 필요하다.

신뢰 관계는 인정에 기반을 둔다. 서로 공감하고 지지하며 협력해서 목표를 달성할 수 있다. 기쁨도 함께 느끼며 어려움도 함께 해결해 나가는 난공불락의 단체와 연대를 형성하기도 한다. 실용성과 자원 교환에 기초한 인간관계로 업무나 사교적 교환의 필요를 충족시키기 위한 사회 활동 중에 발생한다. 좋은 사회적 관계 역시 상호 간에 우호적이고 호혜적이어야 한다. 세 가지 관계 중 사회적 관계가 사생활 개방이 가장 낮으며 전혀 개방하지 않기도 한다. 그로 인해 관계의 안정성과 감정의 질도 앞의 두 관계보다 현저히 떨어진다.

친밀한 관계, 신뢰 관계, 사회적 관계 사이를 가르는 절대적인 기준이 있지 않다. 다만, 서로 다른 관계에 대응하는 자신만의 정의와 기준, 나름의 원칙이 있다. 이는 관계를 접하는 개인이 모두 다른 성향을 띤다. 어떤 사람은 친밀한 관계에 대한 요구가 매우 높아 단짝이 되기를 바라지만 상대의 의견은 다를 수 있다. 어떤 사람은 사회적 관계의 범위가 매우 넓지만, 타인과 정서적 왕래는 잘하지 않는다. 어떤 사람은 신뢰 관계는 잘 형성하여 의기투합하는 친구와 동료가 많지만, 그들과 반드시 친밀한 관계는 아니다. 어떤 사람은 당신과 하나의 관계만을 맺겠지만 또 어떤 사람은 친구이며 동료이자 친척인 여러 관계로 존재할 수 있다.

관계는 인생 전반에 지원 시스템을 구축한다. 그러나 관계의 유지란 매우 미묘해서 자신이 세운 척도가 있어야 한다. 경계가 너무 경직되면 사람 사이의 간격이 벌어지고 경계가 모호하면 독립된 공간을 상실하여 서로 침해하고 피해를 주게 된다.

### 자동적인 자율만이 자유에 도달할 수 있다

교육 프로그램에 참여한 어느 수강생은 자신에게 엄격한 사람이었다. 관리자로 직장에서도 가정에서도 성공적으로 맡은 일을 잘해냈다. 자녀 양육도 소홀하지 않았다. 교육 과정이 진행되는 동안 잘 따라주었고 자발적으로 다른 수강생을 돕기도 했다. 하지만 '속마음 말하기' 과정에서 자신의 삶이 여러 가지 목표만 있다는 것을 깨달았다. 연간 KPI, 아이의 성적, 가사 완료 기준까지 자기만의 인생 '소망'은 없었다. 그 후 갑자기 나사가 풀린 사람처럼 깜빡하고 출입증을 안 가지고 오거나 업무 중 딴전을 부리거나 심지어 우울한 모습까지 보였다. 그녀를 더욱 빛나게 하던 자발적인 모습은 한순간에 사라졌다.

겉으로는 굉장히 행동력 있고 자신에 대한 구속이 높은 것 같았지만, 그녀는 외부의 규칙과 기준에 끌려다니고 있었다. 누군가 세워둔 기준을 달성하고 인정받기 위함이지 자신의 비전을 실현해 더 나은 자신이 되기를 기대하지 못한 것이다.

자유를 주는 자율은 여러 형태로 나타난다.

**규칙에 구속받는 자율**

벌칙의 두려움과 도덕적인 징벌의 압박이 자율 행동을 통제한다. 이 단계에 있는 사람은 정서적 측면에서 경계가 불분명하고 책임감이 뚜렷하지 않아 문제가 생기기 쉽다.

**규칙의 수혜자가 되고 싶은 수동적 자율**

제도와 규칙에 공감하고 합격자나 우수자가 되기를 희망한다. 하지만 이 '우수'는 타인의 인정이나 이익을 얻기 위한 경우가 많다.

**온전한 자신이 되고 싶은 자율**

온전한 자신이 되는 것만이 진정한 의미의 자율이다. 그들은 계약 관념이 있고, 관계에서 경계가 비교적 뚜렷하다. 자발적으로 자신을 책임지며 자신의 이상과 목표를 이루기 위해 적극적으로 행동한다.

진정한 자유는 온전한 자신이 되겠다는 소망에서 출발한다. 다음 질문에 인내심을 가지고 답을 찾아보자.

> "나는 무엇을 원하는가?"
>
> "나는 무엇을 할 수 있는가? 그러려면 어떤 대가를 치러야 하는가?"
>
> "나는 무슨 책임을 져야 하는가? 나는 무엇을 지불할 것인가?"
>
> "내 마음속에서 우러나온 결정인가?"
>
> "나의 행동과 결정이 타인과 사회에 가치가 있는가?"

스스로 하는 글쓰기는 다음 세 단계를 포함한다.

**1단계_프리 라이팅**

프리 라이팅 단계에서 자신의 잠재의식과 연결된 감각을 찾아낸다. 글재주가 있더라도 자신의 글에 때때로 실망할 수 있다. 프리 라이팅의 목표는 끊임없이 자기방어를 깨뜨리는 것이다.

**2단계_자아 관심**

자아 관심은 글을 쓰며 인격적으로 자신을 재구성하는 것을 말한다. 언어는 가시화된 인격의 조각으로 내면의 시나리오를 반영한다. 글쓰기에서 문자를 다루는 과정 역시 인격 재구성의 과정이다. 여러 가지 방법으로 내재적 부조화의 시나리오를 성장형 시나리오로 바꾸는 것이 목표다.

부조화의 시나리오는 세 가지로 요약할 수 있다. 첫째 결함형 시나리오는 자기 의심, 부정, 공격을 지향한다. 둘째 충돌형 시나리오는 가치 충돌, 정체성 장애를 지향한다. 셋째 무질서형 시나리오는 내재된 자아의 구성 정도가 낮기에 쓴 내용이 뒤죽박죽이고 무의식적인 느낌을 준다.

**3단계_자체 창작**

내면의 재구성을 거쳐 자유롭게 소리 내는 단계다. 이때 글쓰기를 사랑하고 자기 작품이 공개가 기대된다면 창작하는 단계까지 가게 된다. 프리 라이팅과 자아에 관심 갖는 방법이 이미 무의식에 들어와 있으므로 자유롭게 활용할 수 있다.

일단 글을 쓰기 시작했다면 1인 미디어 창작자, 작가, 각본가 또는 시인도 될 수 있다. 글을 써서 돈도 벌 수 있다. 창작은 자유로운 표현일 뿐만 아니라 사회로 진출하고 위치를 찾고 정체성을 가질 수 있는 길을 열어준다. 자유롭게 글을 쓰고 자아에 관심을 가진다면 스스로 탈바꿈해 창작의 꽃을 피울 수 있으리라 믿는다.

# 불안을 달래는 명약이 있다

정신분석을 공부하면 풍부한 인간의 정신세계를 탐구할 수 있다. 무의식 상태에서 쓸려가는 것과 깨어 있는 상태에서 내린 선택의 차이점도 발견하게 된다. 그럼에도 정신분석에는 두 가지 한계가 있다. 하나는 '상상'으로 '상상'을 치유하는 것이다. '과거'로 인한 마음의 고통은 사실일까, 상상일까? '지나간 것'을 아무리 탐색해도 사실이라고 확신할 수 없다. '과거' 정보들의 차이는 '깨달음'에만 의존해서는 구별되기 어렵다. 다른 하나는 '되돌아간다'는 것이다. '뿌리 찾기'는 정신분석의 핵심 강점이자 정신분석을 죽음으로 몰고 간 원인이다. 자기 책임을 회피하거나 지혜의 뿌리가 부족한 사람은 문제를 '과거'와 '원가족'으로 돌리고 자기 책임에서 벗어나려 한다.

삶의 질을 추구하는 사람은 에너지가 넘친다. 자연을 숭상하며 자율적이고 의미 있는 생활을 영위한다. 반면, 어떤 이들은 하루하루를 살며 갈수록 퇴화한다. 은둔형 외톨이, 인터넷 중독, 다양한 정신질환으로 힘들어하는 이들이 그렇다. 그들은 살아 있지만 어떤 의미에서는 '죽음'을 향해 가는 것이다. 그들에게는 '각성의 순간'이 필요하다. 삶의 불씨를 되살려 활력을 불어넣어야 한다.

세상의 모든 생명은 결국 사라진다. 사람이 죽음의 문제에 직면하면 생명에 대한 태도는 상상할 수 없는 변화가 일어난다. 정신의학과 교수 얄롬은 이를 '각성의 순간'이라는 불렀다. 그는 "죽음은 육체적으로 사람을 없애지만, 죽음이라는 관념은 사람을 구한다."라고 말했다. 인생에서 중요한 사람이 죽거나 사생결단을 앞두거나 심각한 질병을 앓는 순간은 우리에게 각성을 체험하게 한다. 각성 체험은 죽음의 예행연습으로 인생이 한정되어 있음을 깨우쳐 준다. 우리는 과연 자신이 원하는 삶을 살고 있는가? 만약 그렇지 않다면 어떻게 해야 할까? 고민으로 가득 찬 인생의 판도라 상자를 열지 말고 더 넉넉한 마음과 연민을 가지고 인생에 복귀해야 한다.

용메이는 중국영화금계상 여우주연상을 수상하면서 "제 얼굴의 주름이 펴지지 않길 바라요. 힘들게 만든 것이거든요."라고 말했다. 노화와 죽음은 숨길 수 없다. 얼굴에 쓰고 가슴에 새긴 우여곡절은 세월이 준 선물이다. 생명은 본래 하나씩 상실하면서 윤회한다.

### 유서 쓰기

유서를 써보면 '각성 체험'이 자극된다. 적절한 기회를 골라 인생의 마지막 순간을 직시하기 바란다. 생애에 가장 중요한 사람은 누구인가? 가장 놓을 수 없는 사람은 누구인가? 남은 재산과 자녀를 누구에게 맡길 것인가? 이 생애에 가장 믿을 만한 사람은 누구인가? 아쉬운 점은 없는가? 가장 보람 있었던 일은 무엇인가? 당신을 가장 뿌듯하게 한 사람은 누구인가? 내일 세상을 떠난다면 마지막으로 하고 싶은 것은 무엇인가?

아쉽게도 서로 의존할 필요가 없는 것 같은 시대에 살고 있다. 혼자 사는 것을 즐기고 과학 기술과 사회화 서비스가 혼자 사는 삶을 비교적 쉽게 영위하도록 도와준다. 드라마를 보고, 독서를 하고 게임과 헬스까지 모두 집에서 혼자 할 수 있다. 고독과 더불어 사는 것은 현대인의 필수 과제다.

타이완의 작가 장쉰은 그의 저서 《고독육강孤獨六講》에서 "고독은 결코 나쁜 것이 아니다. 고독이 좋지 않게 비치는 것은 우리가 고독을 두려워하기 때문이다."라고 말했다. 고독 속에서 좋은 일이 일어나게 하려면 독립된 내면이 필요하다. 의존적이면서 독립된 인격 없이 정신세계가 공허하면 삶이 불안해진다.

고독은 생명의 시작이다. 오롯이 혼자된 경험이 없는 사람은 다른 사람과 어울릴 줄 모른다. 젊었을 때 늘 시끌벅적했고, 단체에 끼지 못할까 봐 걱정한다. 타인과 나뉘고 합쳐지고 모이고 흩어진다. 그러다 굳게 맹세했던 사랑에게 고통스러운 배신도 당한다. 중년이 되니 인간관계는 인생에서 가장 어려운 난제라는 것을 깨닫는다. 타인에 대한 기대를 내려놓고 조금씩 관계의 울타리를 좁혀가며 삶이 허투루 소모되지 않도록 불필요한 관계는 정리해야 한다. 거리 두기와 분리야말로 인생의 일상이다. 한 사람의 인생은 결국 자기뿐이다.

거울 앞에 서서 친절하게 자신에게 안부를 물어보자. 앉아서 자신이 직접 만든 가장 좋아하는 반찬을 맛보며 평범한 만족감을 느껴보자. 옷장을 열고 도대체 무슨 옷을 입어야 가장 마음에 드는 모습일지 자신에게 물어도 좋다. 그리고 자신의 사진을 보며 현재 벌어지고 있는 상황을 들려주자. 그리고 마음에 드는지도

묻자. 스스로 자기 삶에서 가장 끈끈한 동지이자 지지자, 응원자는 바로 자신임을 깨달아야 한다.

### 나의 꿈 탐색

자신도 외로운 사람이라고 이해하는 재미있는 게임을 해보자. 꿈을 이야기하며 음미하고 체험할 수 있다. 각각의 꿈은 여러 가지 의미를 담고 있다. 꿈에 나타난 은유와 상징은 오직 당신만이 안다. 꿈속의 고독한 자신을 이해하기 시작하면 현실의 고독한 자신도 이해할 수 있다. 어찌 보면 인생도 아주 긴 꿈에 지나지 않는다.

### 꿈의 작용

첫째, 현실에서 이루어질 수 없는 소원이 꿈속에서 이루어진다.

둘째, 낮에 닥친 일을 복습하고 예행연습하고 곱씹으며 출구를 모색한다.

셋째, 두려움과 분노 등 억압된 감정이 꿈속에 나타난다.

넷째, 자신의 내면과 대화하고 자신에게 깨달음을 주고 예언한다.

깨어난 뒤 꿈에서 있었던 일을 빠르게 떠올리며 기록하자. 조각난 것이라도 기억할 수 있는 만큼 기록한다. 현실로 돌아온 후 전체적인 꿈의 분위기와 정서적 느낌을 떠올리며 어떤 새로운 기억이나 연상이 생각나면 기록한다. 기록이 완성되면 꿈을 전체적으로 정리한다.

다음의 방법으로 꿈에 대해 써볼 수 있다.

첫째, 최근의 일 중 특별했던 사건을 연상하자. 어떤 부분이 꿈과 관련 있는지, 어떤 것을 깨달았는지 생각해본다.

둘째, 두려움처럼 꿈에서 가장 강렬했던 감정을 찾아 그것을 중심으로 쓴다.

셋째, 꿈 전체로 하나의 시나리오를 쓴다. 되도록 완전한 스토리로 쓰며 꿈에서 없었던 부분이나 자세한 부분은 자신이 원하는 방향으로 보충하자.

넷째, 인터뷰하는 방식으로 꿈의 상황을 질문하고 답변한다.

### 자유는 이상이 아니다

아침 9시에 출근해서 5시에 퇴근하는 회사에서 일한 적이 있다. 나는 좀 더 자유를 원하며 IT 기업으로 옮겼다. 그에 따라 업무 리듬과 복리후생이 달라졌다. 완전한 '프리랜서'가 되자 이번에는 철저하게 자유롭게 되었지만 모든 책임이 나에게 달리게 되었다. 업무도 복지도 모두 나 하기에 달려 있고 업무시간은 자유로워졌지만 길어졌다. 이처럼 더 많은 자유에는 더 높은 책임이 요구된다. 자유는 오롯이 아름답기만 한 것은 아니다. 눈앞의 힘든 일들을 처리하면서 이상을 선택할 능력이 있어야 한다. 이것이 바로 자유다.

자유로운 개인이 더 초조한 이유는 뭘까? 앞서 말했듯 삶을 온전하게 책임질 임무를 떠맡기 때문이다. 스스로 자기 삶을 계획하고 감지하고 판단하고 선택하며 결과에 책임져야 한다.

책임을 진다는 것은 스스로 의사결정자임을 인정한다는 의미이다. 자기 운명에서 느끼고 여러 상황을 만들어가는 창조자라는 말이다. 삶은 스스로 선택한 결과이다. 자신을 위해 산다고 느끼면 이 삶이 즐겁고 책임감이 솟는다.

책임은 자유를 보장한다. 의사결정과 그에 따른 행동을 가져오기 때문이다. 결정은 욕망과 행동을 잇는 다리이다. 단호한 결정은 단호한 행동을 가져온다. 의도적인 결정 뒤에는 욕망이 있다. 비겁한 결정은 가려진 욕망을 의미하며 방치된 결정은 무의식적인 욕망으로 가득 차 있다. 욕구가 솟아오르고 응집된 후에 명쾌한 결정이 내려진다. 이것이 자신을 위한 책임의 시작이다.

결정은 자기 행동에 영향을 미친다. 알고도 행하지 않는 것은 전혀 모르는 것과 같으며 오직 행동만이 현실에서 변화를 일으킨다. '깨달음'이 반드시 변화를 가져오는 것은 아니다. 그것이 자신 밖으로 뻗어 나가지 못하면 자신의 환경과 관계에 영향을 미칠 수 없다.

자유는 타인을 경계한다. 관계에 책임이 따르기에 행동이 완전히 자유로울 수는 없다. 자유와 책임이 균형을 이루는 과정에서 자신에게 다음과 같은 질문을 던져야 한다.

### 나와 '우리'에 관하여

- 나는 스스로 자신을 위해 결정하는 것을 허락하는가?
- 나는 타인이 스스로 자신을 위해 결정하는 것을 허락하는가?
- 나는 반드시 나를 만족시켜야 하는가?
- 나는 자신을 책임질 수 있는가?
- 나는 타인을 위해 기꺼이 희생할 수 있는가?
- 나는 나를 바꿀 수 있는가?
- 나는 다른 사람을 바꿀 수 있는가?

### 나와 '권위'에 관하여

- 나는 리더, 전문가, 선배 등 권위적인 관계에서 부모와의 관계가 재현되는가?
- 내가 만약 순종하지 않으면 벌을 받을 것인가?
- 나는 권위자가 완벽하기를 바라는가? 나는 권위를 존중하는 경향

이 있는가?

- 나는 권위자들이 모두 능력도 없고 배울 것이 하나도 없다고 생각하는가?
- 나는 권위자를 바꾸는 경향이 있는가? 내가 그들보다 나은가?
- 내가 권위자와 관계를 맺는 방식은 어떠한가?
- 부모에 대한 내면의 느낌을 한 단어로 표현한다면 그 단어는 무엇인가?
- 부하직원이나 아이를 대하는 방식이 나와 권위자 사이의 관계 패턴을 재현하는가?

**나와 '세계'에 관하여**

- 이 세계는 확실한가?
- 이 세계는 안전하고 신뢰할 만한가?
- 규칙은 변하지 않는가?
- 변하지 않는 규칙은 무엇이고, 변하는 규칙은 무엇인가?
- 규칙은 누가 제정하는가?
- 당신 스스로 결정한 일은 무엇인가?
- 다른 사람이 결정한 일은 무엇인가?
- 누구도 결정하지 못하는 일은 무엇인가?
- 규칙에서 우리가 져야 할 책임은 무엇인가?

### 세상이 정한 '행복 모델'은 내 삶의 의미가 될 수 없다

우리는 표준화된 목표와 미래를 사는 것 같다. 대학에 합격하는 것, 안정적인 직장을 구하는 것, 결혼해서 아이를 낳는 것, 아이가 좋은 성적을 얻는 것처럼 보편적이고 획일적이다. 아이가 책가방을 메고 학교에 가는 것을 보면서 자녀가 좋은 대학에 입학해서 안정적인 직장을 구할 수 있도록 일찌감치 계획을 짜기 시작한다. 삶이 이렇게 계속 돌고 도는 것일까?

우리는 도대체 누구를 위해 사는 걸까? 인생의 의미와 가치는 어디에서 찾아야 할까? 이것은 매우 웅장한 의제다. 조셉 캠벨Joseph Campbell은 《신화의 힘The Power of Myth》에서 "사람들은 우리가 찾는 궁극적인 것이 삶의 의미라고 말하지요. 그러나 나는 우리가 진실로 찾고 있는 것은 '살아있음에 대한 경험'이라고 생각합니다."라고 말했다.

나날이 무감각해지는 생활에서 경험을 활성화하기 위해 강렬한 자극을 찾으라는 것이 아니다. 평소 작은 일의 소중함을 발견하고 소소한 만족을 누리라는 것이다. 휴대폰 플레이리스트에서 색다른 노래를 찾아보려고 했는데, 청춘 시절 즐겨 듣던 익숙한 멜로디가 흘러나올지도 모른다. 아주 오랜 시간을 들여 신곡을 검색했는데 그 신선한 선율이 청량한 물이 생명에 주입되는 것 같이 느껴질 수도 있다. 이것이 성공적인 활성화다. 다양한 디저

트를 연구하고 손수 무엇인가를 만들고 다시 책을 읽을 수도 있다. 이 모든 것이 새로운 경험을 열고 새로운 삶을 연다.

경험이 충만해지면 사명은 뜻하지 않게 찾아온다. 어빈 얄롬은 《보다 냉정하게 보다 용기 있게Staring at the Sun》에서 '파동 영향'을 언급했다. 모든 사람은 주변 사람에게 영향을 끼친다. 마치 연못의 잔물결처럼 퍼져나가며 멀리 갈수록 반응이 없어지지만 아주 작은 분자 차원에서는 이러한 파동은 여전히 전달된다. 인내심을 가지고 경청하는 것이나 도움의 손길을 내미는 것일 수도 있다. 전문 분야에서 성과를 내거나 사업의 발전을 추진할 수도 있다. 모두 생명이 넘실거리는 잔잔한 물결이다.

자신의 가치와 의미를 찾으려면 구미求美, 구진求眞, 구선求善이 필요하다. 아름다움을 구하며 창조로 이끌 때 가치와 의미를 일에서 찾을 수 있다는 뜻이다. 진리를 구하는 것은 깊이 체험하는 것인데, 인간으로서 완전한 특별함을 체험하며 사람을 사랑하고 이해하는 것이다. 선을 구하는 것은 내면의 양심에 가장 부합하는 일이다. 이처럼 생명이 진, 선, 미로 가득한 잔잔한 물결이라면 얼마나 세상이 아름답겠는가!

100은 완전함을 상징하는 숫자다. 글쓰기 연습 100일 출석은 단계적이면서 성과를 낼 수 있다. 100일간의 출석 체크는 자기 상황에 맞게 설계하여 매일 중요한 일 세 가지를 기록할 수도 있고 매일 100자를 프리 라이팅으로 써볼 수도 있다. 지속적인 글쓰기는 끊임없이 자아를 거듭나게 한다.

**삶의 잔물결 찾기**

당신이 미래로 건너갔다고 상상해보라. 미래에서 현재 당신이 살았던 삶의 흔적을 찾는다면 어떤 흔적을 볼 수 있을까? 자신의 후손, 자신이 심은 나무, 자신의 작품 등. 그것을 만났을 때 일어날 수 있는 모든 것을 써보자.

EPILOGUE

# 글이 내 불안을 잠재웠다

비행은 굉장히 숨 막히는 일이다. 말이 별로 없고 혼자 가는 사람이 비행기 안에서 시간을 보내는 데는 책만큼 좋은 것이 없다.

탑승 전 편집장이 메신저를 보내왔다. "지난번 얘기했던 원고 어떻게 되었어요?"

그 당시 나는 매우 분주했다. 어린이날 활동이 이제 막 끝났고 다음은 합창단 공연과 기말고사가 남아 있었다. 이렇게 바쁜 와중에 글을 쓴다는 것은 사치였다. 하지만 글은 항상 나를 책상 앞으로 끌어당기는 힘이 있다.

좌석의 조명을 조금 어둡게 조절한 후 옆 좌석 남자의 코 고는 소리를 배경음악 삼아 독서등을 켜고 나탈리 골드버그의 《뼛속까지 내려가서 써라》를 펼쳤다. 나에게 이 책을 추천해준 편집장은

〈난팡저우모南方周末〉의 기사였고, 〈월간심리月刊心理〉의 베테랑 편집자였다.

그에게 꾸준히 일기를 쓰고 있다고 얘기한 적이 있었다. 직장을 그만두고 집에서 아이를 키우며 지내는 이런저런 이야기들이다. 나는 친절하게도 그 일기에 '웬수의 기록'이라는 이름까지 붙여주었다. 나는 지금까지 이 기록이 가치가 있을 것이라고는 전혀 생각하지 않았다. 글쓰기는 손이 가는 대로 스트레스를 푸는 방법에 지나지 않았다. 하지만 그녀는 이것이 일기체 문학이라며 나를 독려했다. 그때가 2017년이었는데, 당시 나는 아무런 준비가 되어 있지 않았었다. 하지만 한편으로는 마음 깊은 수렁에서 빠져나오는 느낌이 들었다.

2018년 인민우전출판사의 편집장을 만났다. 글을 쓰는 일이 다시 일상으로 들어왔다. 편집장은 시장을 보는 안목이 있었고 이 새로운 저자가 어떻게 시작해야 하는지도 잘 알고 있었다. 우리는 팬데믹이 지나간 후 《말하는 법 배우기》와 《인터랙티브 대화》 두 권의 책을 출판했다. 그리고 드디어 내가 특별히 기대하고 있는 이 책이 나왔다.

진정한 작가와 숙련된 주부는 다르지 않다. 모두 깨어 있는 방관자의 자세로 온전히 몰입하고 유지해야 한다. 엄마가 아이를 이끌 듯 작가는 독자를 이끈다. 여러분은 모든 감정을 몸으로 느끼고 생명의 성장과 비밀을 하나씩 탐구하면 된다. 환호성만 필요한 것이 아니다. 마음으로부터 흘러나오는 막막함, 무력함, 충돌, 애원 역시도 생명의 모습이다. 그리고 손끝에서 흘러나와 종이 위에 생생하게 흔적을 남기는 글쓰기도 마음을 변화시키는 길이다.

마침내 이 책을 만났다. 포기하지 않아서 다행이다.

**나와 일상과의 종이 한 장의 거리!**

곤경에 처했다고 당황하지 마라. 그것을 하늘의 뜻이라고 생각하자.
곤경에 처할수록 침착함을 잃지 않는 것이 참된 용기임을 알자.
장자

가난하고 천할 때는 가난하고 천한 그대로,
고난을 당할 때는 고난 그대로 행하면 근심이 없다.
허세부리는 사람이 용기가 있거나,
용기 있는 사람이 허세부리는 일은 드물다는 것을 알아야 한다.

중용